アンラーベルメソッド

魔法の潜在意識ヒーリング

横山真莉子
Yokoyama Mariko

三楽舎

序章

私はこれまで40年間にわたり、心と体の翻訳家として活動してきました。長年の経験から、心と意識のあり方を変えることが全ての改善につながると気づき、〝アンラーベルメソッド〟魔法の潜在意識ヒーリングに辿り着きました。本書は、このメソッドをスピリチュアリストの皆さまに紹介し、新たな活動の軸を創っていただくために書かせていただきました。現在、地球は急激な変化の波に包まれています。人々の悩みは多岐にわたり、最近、特にがんに苦しむ方がとても増えているようです。

病気になるには必ず理由があり、それを引き寄せている何かがあるのですが、実は多くの人が「無意識のうちにその病気を望んでいる」と言ったら驚くでしょうか？　もちろん、これは潜在意識の話です。

誰もが「病気になりたい」と思うわけではありません。むしろ、誰もが健康でいたいと願っているはず。それなのに、なぜ病に倒れるのでしょうか？　その答えは、実に多岐にわたります。

しかし一つだけ確かなのは、病を引き寄せる何かが自分の中にあるということ。カラダの声を聴けば、その理由が驚くほど明確に浮かび上がります。また原因不明な病も増えており、クライアントの皆様へ提供されている従来のセッション方法に限界を感じ、集客や効果的な問題解決で壁にぶつかっている方もおられることと思います。アンラーベルメソッドは、これらの課題に対する革新的な解決策です。このメソッドの特徴は、クライアントを鑑定や診断せずに、カラダの声を直接聴くことで問題の根本原因にアプローチすることです。目に見えない心や潜在意識の情報を可視化します。手相や顔相で人の氣質や状態を読み解くように、カラダから今のテーマや解決策を知ることができるのです。

自分でも気づかないうちに押し込めた感情や無視してきた心の声が、実は身体に正直に現れていることがあります。これが続くと、症状として身体に現れ、時には病気と呼ばれる状態に至ることもあるのです。

「治らない症状、何度通っても改善しない……」そんなときは、カラダの声に耳を傾けてみませんか？　その症状は、見えないカラダからの重要なメッセージかもしれません。アンラーベルメソッドは、カラダから心の奥底に隠れた真実を読み解き、解決

序章

に導きます。

カラダの声を聴ける自分になり、新しい境地を発見してみませんか？

このメソッドを用いたセッションは23年間、口コミだけで集客を続け、98パーセントという極めて高いリピート率を誇っています。従来のヒーリングや占いとは異なり、アンラーベルメソッドは市場の飽和状態や価格競争に影響されにくく、長期的に安定した需要が期待できます。アンラーベルメソッドは、クライアントの潜在意識から直接問題を読み取るため、非言語コミュニケーションで精度の高いセッションを提供できます。本書では、このアンラーベルメソッドの秘密を大公開します。誰でも習得でき、再現性のある技術で心、カラダ、人間関係、お金、人生の悩み、経営等幅広い領域をカバーします。

本書を通じて、あなたの心に響く新たな可能性を見出し、スピリチュアリストとしての活動にさらなる深みと効果をもたらすことができるでしょう。

新たなる心とカラダの専門家として悩める人々、この迷いの多い世の中に光を与え共に、未来を善きものにしてまいりましょう。

横山　真莉子

目次

chapter 4

アンラーベルメソッドで解決！

目次

人々に潜む満たされない思いの正体

～潜在意識の力と人生の変容～

chapter1

人々の潜在意識の中にあるネガティブな思い

日々のセッションの中で、人々の満たされない思いに触れることが多いのではないでしょうか。表面的には充実した人生を送っているはずなのに、どこか心の奥底でモヤモヤとした不安を感じている人。仕事があって、家族がいて、子供もいる。でも、何かが足りない。何かが違う。そんな感覚に悩まされている人々に出会うことはありませんか?

多くの人が、このような思いを抱えています。

一見すると幸せそうに見える人生なのに、どこか不調和を感じる。「このままの人生でいいのかな」という疑問が頭をよぎる。そんな経験をしている人々は少なくないでしょう。

さらに、人間関係においても同じような違和感をもっている人々もいるはずです。良い出会いがない、関わっても幸せに向かわない人ばかり。出会う異性が優しくない。

chapter1
人々に潜む満たされない思いの正体

思いやりのない人ばかり……そんな思いに駆られている人々はいませんか？

これらの感覚は、実は深い意味を持っています。なぜ、こんなことが起こるのでしょうか？

多くの人は一生懸命に生きています。人に気を使い、優しくし、新しいことを学び、成長するべく励んでいる。それなのに、なぜか幸せが遠のいていく。

「なぜ私ばかりこんな不幸なことばかり起きるのだろう」と嘆くこともあるでしょう。それでもいつも笑顔でいるように心がけている。なのになぜかうまくいかない。会社でも上司のために一生懸命働いているのに、昇進せず、認められない。むしろ嫌われてしまうこともある。自分が思い描いた方向とは違う方向に人生が進んでいく。そんな経験で苦しんで訪れるクライアントが多いのではないでしょうか。

「こんなに努力しているのに、なぜ？」

そう思ったことがある人々は、たくさんいると思います。実は、この現象には驚くべき理由があるのです。それは、私たちの意識の奥深くに潜む「潜在意識の中に刻み込まれた信念・感情・固定概念」の影響なのです。

潜在意識という言葉はもう何度も耳にしていると思いますが、この目に見えない力が、人々の人生を大きく左右しているのです。

ここで、アンラーベルメソッドの前提となる潜在意識についてをお伝えしていきます。

既にご存知かと思いますが、潜在意識は人々の意識の95%を占めると言われていきます。残りの5%が、人々が普段意識している「顕在意識」です。95対5。どう考えても、潜在意識の方が圧倒的に強い影響力を持っているのです。

潜在意識とは、私たちの誰もが共通して持っている心の働きの1つです。この中には膨大な量の情報が記憶されており、私たちが生活をしていく上で必要な情報はここにすべて記憶されております。主に9歳までの間に経験したことや、記憶した出来事などによって形成されるその人固有の無意識のことで、我々の思考・行動パターンに大きな影響を及ぼします。幼児期のトラウマなども、幼児期に負った辛い経験やショッキングな出来事が潜在意識として無意識下に刻まれるものです。通常、その存在を自覚することはありませんが、私たちの心の働きの約95%を支配しています。潜在意識は、私たちが無意識に持っている心の癖、つまり、物の見方や考え方、信念、価値観、目標、限界、そして、行動パターン（習慣・癖）などをコントロールしています。こうした潜在意識の働きの違いが、私たち一人ひとりの人生に違いをもたらします。潜在意識の使い方を間違えると、自分が持ってる能力を十分に発揮することができません。

例えば、潜在意識に「どうせ私なんかダメだ」というマイナスエネルギーが強く存在している場合、その信念を正当化するために、潜在意識はその証拠を探し出し、引き寄せるように働きます。たとえば、自己否定感が強いと、何かに挑戦してもうまくいかない出来事に注目し「やっぱり私はダメだ」と思う状況を無意識に強調することになります。結果として、失敗や否定的な出来事が繰り返され、自分の能力を過小評価し、自己実現が困難になるサイクルが生まれます。

潜在意識は、自分が信じていることを証明しようと働くため（潜在意識は間違うことが嫌い）無意識に失敗しやすい行動を取ったり、成功のチャンスを避けたりすることもあります。また、人間関係や仕事など、様々な場面で「自分はダメだ」という思いに基づいた選択をし、その結果として自信を失うような状況に繋がりやすくなってしまうのです。

顕在意識で忘れていても、潜在意識にはその情報が記憶されております。記憶されたネガティブな情報というのは、常にこの顕在意識にマイナスの影響を及ぼしているわけです。そのマイナスの影響が、顕在意識にマイナスの影響を及ぼして、現実の世界にいろんな問題を生じさせるのです。現実の世界で抱えている問題を根本的に解決しようと思ったときには、根本原因にアプローチしなければいけないわけです。この根本原因が消えてしまうと、現実の世界の問題も解消されていくという仕組みになっているのです。


想像してみてください。人々の潜在意識の中にある根本原因を書き換えることができたら、どうでしょう？　今ある人生がガラリと変わる可能性があるのです。

その方法がアンラーベルメソッド魔法の潜在意識ヒーリングです。アンラーベルとは、「ひも解く」という意味です。文字通り、人々の潜在意識をひも解き、他のどんな手法でも得られなかった答えをクライアント自身のカラダに聴いて修復に導く、全く独自の方法です。この方法を開発するまでに40年間という時間と６０００万円もの学びへの投資をしてきました。その結果、ついに画期的な成果をあげられる方法として確立できました。これから詳しくこの「アンラーベルメソッド魔法の潜在意識ヒーリング」についてご紹介していきます。

人々の中に眠る無限の可能性を引き出す鍵が、ここにあるのです。

ここで、私自身の経験をお話させていただきます。

以前の私は、健康のことを教えている立場でありながら、実は非常に不健康な生活を送っていたのです。

健康を指導している立場の私が、コンビニのお弁当を日常的に食べ、添加物たっぷりのジャンクフードに手を伸ばす。健康的な生活習慣とはかけ離れた暮らしをしていたのです。

毎晩3時過ぎまで起きていて、慢性的な睡眠不足状態。ヘビースモーカーで、生活リズムは完全に乱れていました。その結果、年中頭痛に悩まされ、痛み止めが手放せない日々。鎮痛剤に頼る生活が当たり前になっていたのです。

人には健康のことを説き、どうすれば健康で幸せになれるのかを教えているのに、自分自身はその真逆をいく。この矛盾した状況に、私自身が不思議に感じていました。頭では分かっているのに、なぜ実践できないのか。教えていることと、自分の行動が全く一致しない。そんな日々が続いていたのです。

しかし、ある日、大きな転機が訪れました。自分自身を深く掘り下げていく中で、驚くべき事実に出会ったのです。それは、私の潜在意識に隠れていた、家族に対する複雑な思いでした。

家族とうまくいっていなかった私の中に、ある奇妙な願望が潜んでいたのです。それは、「親より早く死ぬことで、親を悲しませ、不幸にしてやりたい」という復讐心のような感情でした。「親より早く死んで親を悲しませてやれ！」という強い思いが、潜在意識の中に存在していたのです。

この発見は、私に大きな衝撃を与えました。どんなに良いことを学び、人に教えていても、この潜在意識にある捻じ曲がった信念が私の行動を支配していたのです。人はいかに自分でも気づかないうちに、捻じ曲がってしまうものなのかを、身をもって体験しました。

この経験から、私は潜在意識の重要性を痛感しました。そして、自分自身の問題や悩みのすべてが、この潜在意識にあったことに気づいたのです。

振り返ってみると、これらの問題の根は、私の小さい頃の環境に深く関係していました。明治生まれの祖母は、意地が悪いところがあり、姉私弟の三人兄弟の男の子を可愛がり、病弱な姉に代わり、気の強いお転婆だった私を格好のいじめの対象にしてきたのです。

言葉の暴力、お菓子もおもちゃも姉と弟にだけ。

両親は働いていて家で祖母と私の二人だけの時間も結構あり、学校から帰ると祖母のいじめがはじまるという日々でした。

両親が帰ってきても、祖母と父の仲は険悪で喧嘩が絶えず、また疲れた顔をして帰ってくる母に子供ながらも、甘えるということができませんでした。

本来安全な場所であるはずの家族が何らかの要因でその機能を十分に果たせない状態を機能不全家族といいますが、まさにそんな幼少期でした。

子供の頃に受けたこのトラウマは、脳にストレスエネルギーとして記録されていて、日常の中のある出来事と重なり、脳にストレスエネルギーが蓄積していき、あるところで引き金となってしまい、ため込んだ感情、怒りや攻撃性などが抱えきれなくなった結果、親に対しての復讐心から自分でも理解できない矛盾した問題行動を起こすようになったのです。

しかし、潜在意識について学び、自分の行動の理由を理解していくうちに、驚くべき変化が起こりました。潜在意識にある両親に対する否定的な思いを解放したとき、私の性格は180度変わったのです。

突然、親に会いたくてたまらなくなりました。あれだけ親に悪態をついていたのにまるで子供に戻ったかのように、毎日親に会いたいと願うようになったのです。親も驚いていましたが、私の中で大きな変化が起きていたのです。

これらの経験を通じて、世の中には、本当の意味で「性格の歪んだ人」はいないのかもしれない、子供時代に親や養育者との関係の中で負ったトラウマ（心的外傷）が原因で、人格形成に影響してしまったのだと考えるようになりました。

そして、今日の仕事へと導いてくれたのは、紛れもない祖母のおかげだったことにも気づかされました。その時は号泣したことを覚えています。

この気づきが、私の人生の方向性を大きく変えました。エステティシャンとしての仕事から、健康、そして心の問題にも取り組むヒーラーへと転身したのも、この経験がきっかけだったのです。

振り返ってみると、私がエステの仕事を選んだ理由も、潜在意識と深く関わっていました。小さい頃、母がとても美人で、よく褒められていたのを覚えています。私自身は褒められることが少なかったのですが、「お母さんきれいだね、お母さん若いね」と母が褒められるのを見て、それはそれで嬉しかったのです。

しかし、そこから「きれいでいると愛される」という思い込みが生まれてしまいました。両親が共働きで、あまりかまってもらえなかった幼少期の経験から「愛されていない」という思い込みも強くありました。

人間誰しも、愛されたいという欲求がありますが、私はその欲求と、「きれい＝愛される」という思い込みが結びついて、「きれいでいなければ愛されない」という強い信念が形成されてしまったのです。

そのために私は、美容の仕事を選んだのかもしれません。人をきれいにしたいという純粋な思いよりも、自分がきれいになりたかっただけなのかもしれません。愛されたいという潜在的な願望が、私の職業選択にも大きな影響を与えていたのです。

このように、自分自身の経験を通して、人生における潜在意識の重要性を痛感しました。そして、周りの人々もまた、同じような問題を抱えているのではないかと気づいたのです。

私には生まれつき、人の役に立ちたいというお節介な一面があります。かつては自分がきれいになりたいという思いから美容の仕事を選びましたが、今は「ここをこうしたらもっと幸せになれるのに」「ここをこうやったらもっと楽になれるのに」と、人々の幸せを願うようになりました。

「今の仕事は魂が決めてきた使命であり、遂行すべきミッションだと感じています」

振り返ってみれば、それまでに私が受けてきた祖母からのイジメや機能不全家族の中で育った経験や教育、訓練、職業、自分の生来の興味、数々の偶然の出来事などのすべてが、私にこの道へと来るように導びいてくれた出来事のように思います。

そして、その道は今も続いています。

潜在意識と行動パターンの関係

自分の行動パターンを振り返ってみると、そこには明らかに潜在意識の影響が見られるのです。

例えば、人々からこんな話を聞くことはありませんか？

頭では「この道を選べば幸せになれる」と分かっているのに、なぜか反対の道を選んでしまう。そして、そのパターンが何度も繰り返される。私も同じような経験をしました。なぜそうなってしまうのか、長い間疑問に思い続けていました。

今になって振り返ると、その原因は明らかです。潜在意識の中で、自分が愛されているという感覚が少なかったのです。言い換えれば、潜在意識の中では自尊心が低いのかもしれません。その結果、幸せな方向は自分には合わないと感じるようになっているのです。幸せになるはずがない、愛されるはずがないと無意識のうちに思い込んでいるのです。そのため、知らず知らずのうちに、自分を不幸にする方向に進んでしまっていたのです。

この認識は、人々の人間関係にも大きな影響を与えている可能性があります。

ある時、私は二人の男性と出会いました。一人は誰が見ても優しく、実際に優しい人でした。その人と一緒にいれば幸せになれると思いました。しかし、どうしてもその人に心を開くことができず、好きになることができませんでした。最初は少し好意を感じることができたのですが、だんだんとその感情は薄れていきました。周りの人からは「あの人は最高だ」と言われながらも、優しくされればされるほど、私の心は冷めていったのです。

そして、もう一人の男性が現れました。この人は、どう見ても優しくありませんでした。遊び人風で、一緒になっても浮気しそうな自己中心的な印象の人でした。しかし、不思議なことに私はこの人に惹かれてしまったのです。頭では「この人とは絶対にうまくいかない」と分かっていながら、心は強く惹かれていきました。

もちろん、結果は予想通りでその関係は失敗に終わりました。こういったパターンが何度も繰り返され、私は自分自身に疑問を抱き続けていました。

なぜ、分かっていながらこんなことを繰り返してしまうのか？

後になって、やっとその理由が分かりました。私の潜在意識には「どうせ私は愛されない。愛される人が現れるはずがない」という強い思い込みがあったのです。この思い込みが、私を不幸な方向へと導いていたのです。

この思い込みの起源は、私の幼少期にまで遡ります。私は子供の頃、あまり勉強が得意ではありませんでした。小学校6年生の時の担任の先生は、頭の良い子しか可愛がらない人で、私のような成績があまり良くない子には冷たい態度をとっていました。ある日、その先生は男の子たちに向かって「将来お嫁さんをもらう時には、絶対に頭の良い人と結婚してください」と言いました。当時の私にとって、「頭が良い」イコール「勉強ができる」でした。この言葉は、私に強烈な印象を残しました。「やばい、私は頭が悪い」と焦り、将来良い結婚ができないという恐怖が、ある意味でトラウマになってしまったのです。

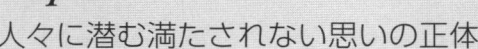

また、小さい頃の家庭環境も、この感情を強めることになりました。両親が共働きで、十分な愛情を感じられなかったことも影響していたのでしょう。

こうして、「頭が悪い＝幸せな結婚ができない」という思い込みが、深く心に刻まれてしまいました。その結果、私の中に「幸せな結婚ができるはずがない」という強い信念が形成されたのです。潜在意識の特性として、潜在意識は間違うことが嫌いなのです。だから、自分が思っていることや信じていることを正しいとする証拠を勝手に作り出してしまうのです。事実を見るのではなく、自分の考えを裏付ける証拠を作り出してしまうのです。

だから、素敵な人が現れても「私には合わない」と思い込み、むしろ私を大事にしてくれない人、あまり愛してくれない人の方が「私に合っている」と感じて、理想の自分や望ましい人生から遠ざけるような選択を無意識のうちにしていたのです。

しかし、この信念を取り除いたとたん、状況は一変しました。本当に素晴らしいと思える人が現れたのです。潜在意識の書き換えによって、こんなにも大きな変化が起こるのかと、私自身が驚きました。

この経験から、私は強く確信しました。自分がどう思っているか、つまり潜在意識の中にどんな信念があるかということが、自分の人生に大きな影響を与えるのだと。もっと早くにこのことに気づき、解放することができていたら、もっと若いうちに幸せになれたのにと、少し残念に思うこともあります。しかし、同時に、この気づきが今の私を作り上げたのだとも感じています。

小さい頃に傷ついた心は、想像以上に長く影響を及ぼします。人が抱えている問題の根本原因は、その人の潜在意識の中にあるネガティブな信念にあります。この歪んだ信念のフィルターを通すと、自分が期待していることしか見えなくなり、物事をありのままに見ることができなくなるのです。凝り固まった信念にしがみついているのは、溺れかけた人が流れに逆らって泳ごうとしてるようなものです。

潜在意識の中に抱えているネガティブな信念の情報を拾い出して、その情報を解消していくことによって、現実世界で抱えている問題は解消することができるようになるのです。

この経験は大きな発見へとつながります。心が捻じ曲がってしまった人も、もともとはそうではなかったということです。誰もが生まれた時は、純粋で、環境や経験によって捻じ曲がってしまうのです。だからこそ、私は同じように心が捻じ曲がってしまった人々の助けになりたいと思うようになりました。潜在意識の仕組みを理解し、それを活用することで、誰もが本来の自分を取り戻し、幸せな人生を送ることができるはずと信じているのです。

アンラーベルメソッドのクライアントさんの中に、円形脱毛症で長年悩んでいた40代半ばのOさんという男性がいらっしゃいました。初めてお会いしたとき、Oさんの表情には深い疲労の色が見えました。肩を落とし、目は生気を失っているように見え、かなり大きなストレスを抱えているのが一目でわかりました。

セッションを始めると、Oさんのカラダが示す情報は意外なものでした。

Oさんの内なる苦悩の源が、彼の母親との長年の関係に根差しているということでした。彼は幼い頃から母親の厳しい指示に従い続け、自分自身を抑え込んで生きてきたのです。母親の言葉に対する無意識の従属が、Oさん自身の生命力を抑え込み、その結果として心身の不調が現れていたのです。

セッションをさらに深めていくと、次に明らかになったのは、Oさんが自分自身に対して抱いている「アレルギー反応」、つまり深い拒絶感でした。この自己拒絶は、免疫システムに混乱をもたらし、自分自身の身体を敵と見なし攻撃するという状況を生み出していました。その根底にある理由も、やはりお母さまとの複雑な関係性にありました。

このことをOさんにお伝えすると、彼は「実は、母も自己免疫疾患を抱えていて、私と同じように長い間、脱毛で悩んでいました」と告白されました。この事実は、Oさんの状態をさらに深く理解するための重要な手がかりとなりました。

セッションを通じて明らかになったのは、Oさんが自分を拒絶する意識は、実は彼のお母さまも無意識のうちに抱えていたものであり、この自己拒絶のパターンは、世代を超えて無意識に受け継がれ、繰り返されていたということです。さらに深く探求を進めると、このパターンは母方の4代前まで遡ることができ、そこでは家族内での抑圧とイジメによるトラウマが原因で自己免疫疾患が発症していたのです。

アンラーベルメソッドの力は、このように時間や世代を超え、先祖のパターンにまで遡り、それを癒し、修復することができるのです。

Oさんは2回のセッションで、円形脱毛症という身体症状が劇的に改善しました。

数年後に、Oさんから健康診断で肺に穴が開いていることが発覚し、またセッションを受けたいとご連絡をいただきました。

前回、円形脱毛症が治った経験から、もう一度アンラーベルメソッド魔法の潜在意識ヒーリングを受けたいと思ったそうです。

彼の肺の問題もまた、母親との未解決な関係性や、長年の自己抑圧に由来していることは明らかでした。

深い悲しみと抑圧の解放

東洋医学では、肺は「悲嘆」や「気の巡り」を司る臓器とされています。Oさんの状況を見ると、この長年の抑圧された感情や自己表現の欠如が、肺にも影響を与えていることが読み取れました。人によっては長年の習慣や思考パターンが根付いているため、少し時間と回数がかかることがあります。Oさんの場合も、何回かのセッションを重ね、丁寧にバランスを実施しました。

その後のOさんの回復ぶりは、目を見張るものでした。定期的な検査で、肺の穴が少しずつ塞がっていっていることが確認されました。そして、その数カ月後には「もう定期的な診察を受けなくてもいい」「完治しました」と病院で太鼓判を押されたのです。

「まさかこんなに大きな変化が起こるとは思いませんでした」とOさんは驚きの表情で語り、その笑顔には以前の疲弊した姿は微塵も残っていませんでした。

病気は、私たちの思考、感情、態度、心情、認識、行動の理由、現実感、そして自己治癒への信念に深く関わっています。そして、私たちの人生経験と自己感覚がどのように環境に影響されているかを映し出します。

精神、魂、エネルギー体の状態が改善されないと、肉体は心の内部に深く根付いた問題に縛られ続けます。

病気の深層的理解と体、心、魂の結びつきの理解を深めることが大切なのです。

この事例は、私たちの心と身体、そして魂が深く結びついていることを如実に示しています。肉体に現れる症状は、単なる病気ではなく、魂の声であり、未解決の感情やエネルギー的なブロックが解放されることで、真の癒しが訪れることを教えてくれます。Oさんのケースは、魂の深い次元での解放が、身体の奇跡的な回復をもたらすことを示す貴重な例であり、アンラーベルメソッドの可能性を再確認させるものでした。

心の傷は遺伝する。トラウマの家族連鎖をどう断ち切るか?

クライアントの問題の根源を探る際、その人自身の経験だけでなく、両親や祖父母さらには曾祖父母の人生にまで目を向けることも重要です。

私が自らの経験や、研修および臨床から学んだことは、答えは必ずしもクライアント自身の人生にあるわけではなく、先祖の経験に隠されていることもあるということです。

トラウマが世代から世代へと継承されることは、実は珍しくありません。この現象は「トラウマの世代間連鎖」と呼ばれ、近年の研究によってその実在性が科学的に裏付けられつつあります。つまり、クライアントが抱える不眠や鬱、恐怖心や不安感の原因が、両親や祖父母が経験した、クライアント自身も知らないトラウマに由来している可能性があるのです。

この「トラウマの世代間連鎖」について、近年、堅牢な証拠がいくつも見つかっています。例えば、ホロコースト生存者、退役軍人、9・11テロ事件の経験者でPTSD（心的外傷後ストレス障害）を患う人の子どもたちには、興味深い共通点が見られます。これらの子どもたちは、ストレスに対処するためのホルモンであるコルチゾールのレベルに、親と同じ異常が見られるのです。さらに驚くべきことに、親がPTSDを患っている場合、その子どもがPTSDの症状を発症する確率は、そうでない人と比べて3倍も高いことが分かっています。

これらの事実は、トラウマが単に心理的なものだけでなく、生物学的にも次世代に受け継がれる可能性を示唆しています。つまり、クライアントが抱える問題の根源が、その人自身の経験だけでなく、先祖から受け継いだ生物学的な要因にある可能性があるのです。

トラウマの世代間連鎖に関する最新の研究では、エピジェネティクス（遺伝子の働きを調節する仕組み）の役割が注目されています。トラウマ経験が遺伝子の発現パターンを変化させ、それが次世代に引き継がれる可能性が示唆されているのです。

この知見は、トラウマの連鎖を理解する上で非常に重要です。クライアントの問題が、単に個人的な経験だけでなく、遺伝子レベルで受け継がれたトラウマの影響である可能性を考慮に入れることで、より深い解決へとつながるかもしれません。

また、集団的トラウマの影響にも注目する必要があります。戦争、自然災害、社会的抑圧などの集団的トラウマは、個人レベルだけでなく、社会全体にも深い影響を与え、それが世代を超えて継承されることがあります。このような集団的トラウマの影響を理解することも、個人のトラウマの連鎖を理解する上で重要な視点となります。

例えば、戦争を経験した祖父母の世代から受け継いだトラウマに苦しむクライアントに対しては、「あなたの祖父母は大変な困難を乗り越えて生き抜いてきました。その経験があなたにも何らかの形で影響を与えている可能性があります」というように世代を超えたトラウマの影響について考える機会を提供することができます。
そして、トラウマの世代間連鎖を理解することは、単にネガティブな影響を認識するだけではありません。それは同時に、クライアントの中に眠る強さと回復力を見出す機会でもあるのです。先祖が困難を乗り越えてきた事実は、クライアント自身も同様の強さと回復力を持っていることを示唆しています。

例えば、困難な経験を乗り越えた先祖の物語を通じて、クライアントは自身の中にある回復力や強さを再認識することができるかもしれません。
「あなたの先祖は大変な困難を乗り越えてきました。その強さと回復力はあなたにも受け継がれています」というメッセージは、クライアントに新たな希望と自信を与える可能性があります。

さらに、トラウマの世代間連鎖を理解し、それに取り組むプロセスは、次世代により良い未来を提供するための強力な基盤となり得ます。クライアントが自身のトラウマの連鎖を理解し、それに取り組むことは、単に個人的な癒しにとどまらず、家族全体、さらには社会全体の癒しに貢献する可能性を秘めています。

プロのヒーラーや占い師として、クライアントがこのような理解と変容のプロセスを歩む際のガイド役となることは、非常に意義深いものとなります。

クライアントの問題の根源を探り、トラウマの世代間連鎖を理解し、その影響に気づくサポートをすることで、クライアントの人生に大きな変化をもたらすことができるのです。

アンラーベルメソッドとは何か？

～予想を超越する理由～

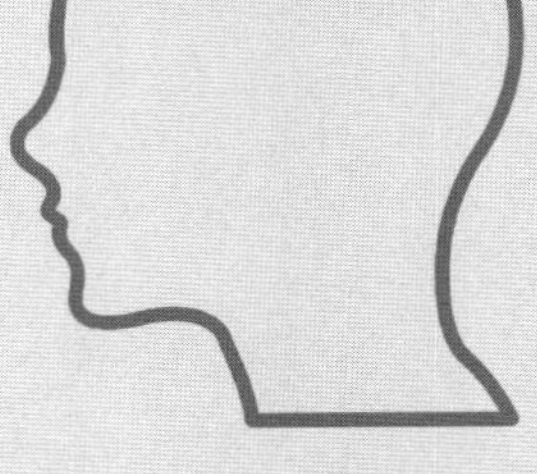

chapter2

多くの方々が「ほかでは体験したことのない劇的な変化を体感できる」と、私のサロンに足を運んでくださいます。

この「ほかでは体験したことのない」という点にアンラーベルメソッドの人気の秘密が隠されています。

アンラーベルメソッドは、なぜこんなにもクライアントに支持されるのでしょう？ 人々を癒し、人々を良き方向へと導くご活動をされている皆様は、すでに素晴らしい才能と直感力を持ち、多くの人々を助けてこられたことでしょう。しかし、時として「もっと深く、もっと迅速に」クライアントの問題の根源に迫りたいと感じることはありませんか？ アンラーベルメソッドを、あなたのスキルに加えていただくことで施術内容をより精度高いものとすることができるでしょう。

施術者も驚くカラダの声の意外性

私が提唱する〝アンラーベルメソッド〟魔法の潜在意識ヒーリングは、従来の手法とは大きく異なります。その効果については98％というリピート率の高さからも明らかです。もちろん、支持される理由はそれだけではありません。

「えっ？　私何も話していないのに、なんでそんなことまでわかるんですか？」

施術のたびに皆さん目を丸くします。同時に、施術者も「え？　そんなことが原因とは思いもよらなかった」と意表を突かれて驚くのも日常茶飯事。こんな光景は、ほかの手法ではあまり見られません。

このように、予想もしない答えが出てくるのには理由があります。それは、「施術者がインヘレントコード（内在する叡智）に直接繋がって答えを教えてもらう」というシステムのため、施術者の知識や経験に左右されることがないということなのです。ですから、クライアントは、自分の問題の原因が顕在意識の知らないところにあることと、施術者も予想を超越する答えに毎回驚かされています。そして、「本質そのものに迫る真の施術だ」とわかると、興味を示し、そのあともまたサロンに足を運んでくれるようになるのです。

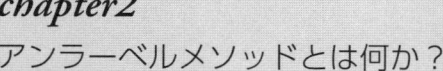

スピリチュアリストの皆様、これはまさに、日々の施術で感じている「直感」や「ひらめき」を、より体系的に、より確実に引き出す方法といえるでしょう。あなたの持つ能力を最大限に活かしながら、さらに深いレベルでクライアントの問題にアプローチできるのです。

アンラーベルメソッドでは、潜在意識の奥深いところから多次元の情報フィールドにまでつながっていくので、カラダから予想もしなかった答えが出てきます。このフィードバックを受けたクライアント自身のカラダが、今度は自己治癒力を使って問題の箇所の修復を開始します。

なぜそんなことが可能なのか？　その答えは誰もが持つ「自己治癒力」にあります。病気や心に抱える問題を改善するのは、誰でもなく本人の「内なるヒーラー（治癒力）」つまり自己治癒力です。人間には、本来誰しも生まれながらにして、自らを元に戻していく力があり、悪いところを癒すことができます。一方、それとは逆に悪いところを作り出すことも可能です。ほとんどの方がこの大切なことに気づいていませんが、人間はそうした神のような力を持っています。

アンラーベルメソッドは、それが十分機能するようにカラダの自己治癒力のスイッチを入れるという、魔法の潜在意識ヒーリング法なのです。

素の自分を認め、純粋な本来のエネルギーに戻ることは、自分軸で生きるということ。スピリチュアリストの皆さんがまさに日々クライアントに伝えようとしていることではないでしょうか。アンラーベルメソッドは、あなたのメッセージをより深く、より確実にクライアントの魂に届ける手段となり得るのです。

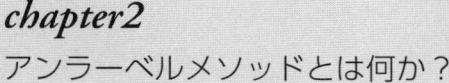

これからの時代、個人個人の意識の違い、放っている周波数の違いで宇宙の強力なサポートを得られるかどうかが変わり、願望実現までの道が決まっていきます。意識一つで運命が変わってくるのです。より軽やかに自分らしく生きよう、人や社会、地球のために貢献しよう、という思いは、人間本来の純粋性の表れであり、宇宙の真理といえるでしょう。

私はこれまでも、そしてこれからも、宇宙の叡智と後述しています「キリスト意識」を世の中に役立てて、この地球の進化に貢献したいと思っています。このビジョンは、多くのスピリチュアリストの方々と共有できるものだと確信しています。

私たちの体内では、毎秒2000億ものあらゆるプロセスが行われています。これらのすべてのプロセスには情報を伝達し、カラダを治癒していくために、協調して働くコミュニティシステムが含まれています。そのプロセスを指揮しているのがインヘレントコード（内在する叡智）と呼ばれます。

インヘレントコードはキリスト意識と連動しており、アンラーベルメソッドで施術者の意識がアクセスする場所になります。

ところが、肉体的、感情的、精神的、環境的なストレスがこれらのコミュニケーション網を妨げ分断してしまい、エネルギー障害が起こりカラダは本来の自己治癒過程を達成できなくなっているのです。アンラーベルメソッドは、OS（オペレーティングシステム）にあたるインヘレントコードと対話し、私たちのカラダが本来持っている自己治癒力という偉大なる力に働きかけることで治癒していく、従来とは全く異なるミラクルな新しい施術方法といえるでしょう。施術者は自らの主観や意図を手放しクライアントのインヘレントコードの誘導のもと、今最もバランスが必要な箇所を特定し、損なわれたカラダのエネルギー障害を再構築していきます。また、キリスト意識にアクセスできることで、真実が解き明かされるのです。

これはまさに、スピリチュアリストのみなさまが日々感じている「エネルギー」や「波動」を、より具体的に、より効果的に操作する方法といえるのではないでしょうか。あなたの直感と、このシステマティックなアプローチが組み合わさることで、驚くべき相乗効果が生まれる可能性があるのです。

インヘレントコードとの会話

アンラーベルメソッドでは、まずいくつかの質問を順番にクライアントのカラダに投げかけ、潜在意識の深いところにまで掘り下げます。そして、カラダの反射を通じてインヘレントコードと会話をすることにより、クライアントのカラダから答えが示されます。

多次元にアクセスするメソッド

少し話は複雑になりますが、アンラーベルメソッドでは、施術者が潜在意識に入って体の反射を用いる場合、キリスト意識と連動するインヘレントコードにアクセスします。ご存じの通り、3次元の顕在意識は、肉体の世界、つまり「結果の世界」4次元、5次元の潜在意識は無意識の世界で「原因の世界」です。その上の5次元以上の意識情報フィールド（5次元以上）は、例えるならインターネットのクラウドのようなもの。そこには、一人ひとりの過去と未来の情報がすべて存在しています。

このメソッドではメンタルレベルを超えて、今までなかなかリーディングすることが不可能だった「意識レベル」をリーディングし、調整することが可能です。つまり、身体、精神からスピリチュアルレベルまで、全てのレベルから分析をし、必要な情報を読み解き、クライアントに必要な情報を選び出して調整していくことができるのです。

なぜ多次元レベルをリーディングして調整する必要があるのでしょうか？

10次元以上は「神の領域」になっています。「神」というと宗教的な神様を思い浮かべてしまうかもしれませんが、もちろん特定の神様のことではありません。「神」というのは、この宇宙の全てを生み出し、すべての情報を内包している「源」のこと。

つまり、多次元レベルのリーディング・調整をするアンラーベルメソッドには、

「神（源）の意識と自分の意識を合わせていく」という目的が組み込まれているのです。アンラーベルメソッドは究極的には、個人の意識と源の意識を合わせて真の自己実現、さらには他者貢献をして、霊性の進化をサポートするヒーリングメソッドなのです。

これはまさにスピリチュアリストのみなさまが日々追求している「高次元の意識」や「宇宙意識」との繋がりを、より具体的に、より確実に実現する方法といえるでしょう。あなたの持つ能力を最大限に活かしながら、さらに高次の意識にアクセスできるのです。

宇宙の12次元構造

12次元	0ポイントフィールド・源、創造、ソース
11次元	神の意志・意図、創造の神々
10次元	創造の神々／エロヒム
神のフィールド	
9次元	自由・独創的な宇宙の集団意識
8次元	魂・個人のアカシックレコード、グループソウルの意識
7次元	静的なエネルギー、キリスト意識のオーバーソウル、純粋な光と音調、オーム 純粋な幾何学
6次元	宇宙のデータバンク、ハイヤーセルフ
5次元	形態形成場、ライトボディ、オーバーソウル、普遍的無意識
意識情報空間フィールド	
4次元	時空・時間　アストラル　個人的無意識
3次元	長さ×幅×高さ 人類
2次元	長さ×高さ　鉱物　病原体
1次元	長さ　肉体・物理レベル　原子

6000万円分の学びを通して

私はこれまでに総額6000万円という大きな投資をし、数々のメソッドを学び身につけてきました。その背景には、真実への探求と深い学びへの渇望があります。そして今もなお、さらなる学びを続け、理解を深めています。

これらの学びは私自身の成長の糧となり、同時にセッションの質を大きく高めてくれますので、学べば学ぶほど、より多くの方々の悩みや不安に寄り添い、真のサポートと貢献ができると確信しています。

「魔法の潜在意識ヒーリング」講座について

現在、1期生の講座が終了し、2期生の講座が始まっていますが、参加者の多くはわたしのクライアントさんたちです。私のセッションを受けて感動してくださり、私もやってみたいと思っていたようで、ヒーリングスクールの開講を告知すると、クライアントさんたちは熱心に参加を希望してくれました。

参加者の背景は実に多様で、看護師、整体師、鍼灸師、占い師、コンサルタントなどのプロの方々や以前からヒーリングに興味を持っていたヨガの先生や、日々の仕事に従事するＯＬさんや主婦の方もいます。今の仕事にプラスして役立てる方もいれば、将来的にヒーリングの仕事で独立を目指す人たちが参加してくれています。

興味深いことに、家族のためにスキルを学びたい人、さらには会社経営者の配偶者で、社員の健康サポートを目的に参加する人もいます。これらの参加者の多くは、長年わたしのクライアントとして通ってくださった方々です。現在ＯＬとして働きながら、将来の開業に向けて準備を始めている人もいます。

研修期間を終えた受講生さん達は素晴らしい結果を出しています。例えば、長年アレルギーに悩まされ、様々な病院を巡っても原因不明だった方に対して、体験セッションを行ったところ、黄砂がアレルギーの原因だと出て、バランス調整したら、翌日には症状が改善したというケースもありました。他にも首が原因不明で動かなくなった方にセッションしたところ、直後にはかなり首が動くように改善したケースもあります。施術前後を動画に撮ったものを見せてもらいましたが、首の可動域の変化には、私も驚くほどでした。他にはこんな症例もあります。家族が肝臓の末期がんで余命宣告された方の症例ですが、セッションしたところ顔の黄疸がなくなり、痛みもなく楽に過ごせるようになったというケースもあります。驚くことにこの症例を出した方は、卒業生ではなく、現在、講座受講中の生徒さんなのです。このようにこのメソッドは、素人でも知識や経験がなくても身に付けることができるのです。

効果が出ている症例

・乳がん
・円形脱毛症
・脳出血後の後遺症

・アレルギー全般
・アトピー
・ウィルス性疾患（慢性および急性）
・感染症
・内臓、内分泌障害、胃腸障害
・関節炎、疼痛、頭痛、肩こり
・背部痛、腰痛
・不眠、ストレス、慢性疲労
・不妊、生殖障害（性欲減退）
・スポーツ外傷、負傷
・事故外傷のリハビリ
・情緒障害、学習障害、多動性障害
・恐怖症、愛着障害
・ＰＴＳＤ（心的外傷後ストレス障害）
・うつ・飛蚊症、眼精疲労、眼圧の低下等

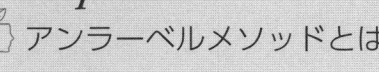

・人間関係のトラブル
・金銭問題
・恋愛結婚

講座のカリキュラム

この講座では、半年間で幅広い分野を学びます。

ホリスティック療法の概念やカラダの解剖学の基本・生理学などの理論的なことから、心と体の具体的な結びつきまで、自分の人生、仕事、人間関係、考え方がどのように体と健康状態に影響を与えるかということを学びます。

物質的な「肉体」の他に「氣のカラダ」もありエネルギー場としてのカラダの働き（オーラ、チャクラ、経絡）なども学びます。また伝統中医学の基礎的なことや心理学、色彩学、栄養素、意識と周波数の関係、12次元、潜在意識、集合無意識、感情など幅広い分野を網羅しています。

環境から人体に与える影響や過去世、トラウマ、先祖の問題、家系にまつわるマイナスのエネルギーの解消方法も学びます。

chapter2
アンラーベルメソッドとは何か？

幅広い分野を学ぶことで、根本原因にたどり着く手法を身に付けること理論的なことだけでなく、講座では、生徒同士がモデルとなりながら練習を重ねていきますので、どなたでも習得できるプログラムになっています。

講座終了後、テストに合格された方は、アンラーベルヒーラーとして認定されます。上級コースは今後順次開催していく予定です。現在の半年間のコースは基礎レベルですが、上級コースでは多次元の情報フィールドをより深く学び、さらに広範囲な知識を得ることができるようになります。

このメソッドは、特別な先天的能力がなくても習得できるのが特徴です。もちろん、直感力が鋭い方や感覚的に敏感な方にとっては取り組みやすいかもしれません。しかし、そういった能力が全くない方でも、感覚が鈍いと感じる方も、その鈍さには必ず理由があります。相モデルでの練習を重ねることで、直感力は徐々に研ぎ澄まされていきます。ちなみに相モデルとは2人一組になってセッションする人とされる側とを交互に進めていくやり方です。

ですから、セラピストのコミュニケーション能力や会話力に頼らずセッションができますから、自信をつけながら行えるのです。

実は、多くの人が様々な恐怖により、自身の力を閉ざしてしまっています。特に、スピリチュアルに興味を持つ人々の中には、過去世でスピリチュアルな活動を行って迫害された経験を持つ方が意外と多いのです。そのような方が、今世も興味を持って来てはいますが、その過去世の影響により力を使わないように閉ざしてしまっている場合があります。しかし、その閉ざされた部分を解放することで、本来の力が目覚めてくることがよくあります。

デモセッションについて

講座の中で行うデモセッションでは、興味深い事例がたくさん出てきます。モデルになってくれた方は、右膝が痛いということでしたが、まずその痛みが本当に課題かどうかを必ずカラダに確認します。その結果、カラダから「それが課題ではない」という反応が出たので、では何が課題なのかを必ず調べていきます。そうしたところ、精神的な負担が非常に大きいことが分かり、「精神的な負担が課題である」とカラダから示されました。結果的に、その精神的な負担が膝の痛みに関係していることが明らかになりました。膝の痛みを直接の課題とするよりも、精神的な負担が膝にどれだけ影響を与えているのかを、カラダが伝えたかったのです。

そこで、まず精神的な負担を課題として取り組むことにしました。そして、その負担が具体的に何であるのかを調べていくと「お母様の負担」ということが出てきたのです。その方に心当たりを聴いてみると、実際にお母様の介護が非常に大きな負担となっていることが判明しました。私はそのことを知りませんでしたが、このようにカラダはすべてを正確に答えてくれるのです。

さらに、病気であることへのこだわりも明らかになりました。自分の体調が悪いことによって何かから逃げられるという信念を持っていたのです。長く体調が悪い方や病気の方には、そういった信念が潜在意識にあることが多いです。その方も例外ではなく、カラダに痛みがあることでそこから逃げられるという意図を持っていました。

そこで、その「病気でいたい」という信念を解放しました。その自分の信念が結果として、身体全体の細胞に水分が不足している状態にしているということが分かりました。身体全体が水分不足になると、痛みが出たり、ホルモン代謝や水分代謝、血液循環が悪くなったりと、様々な症状を起こすのです。

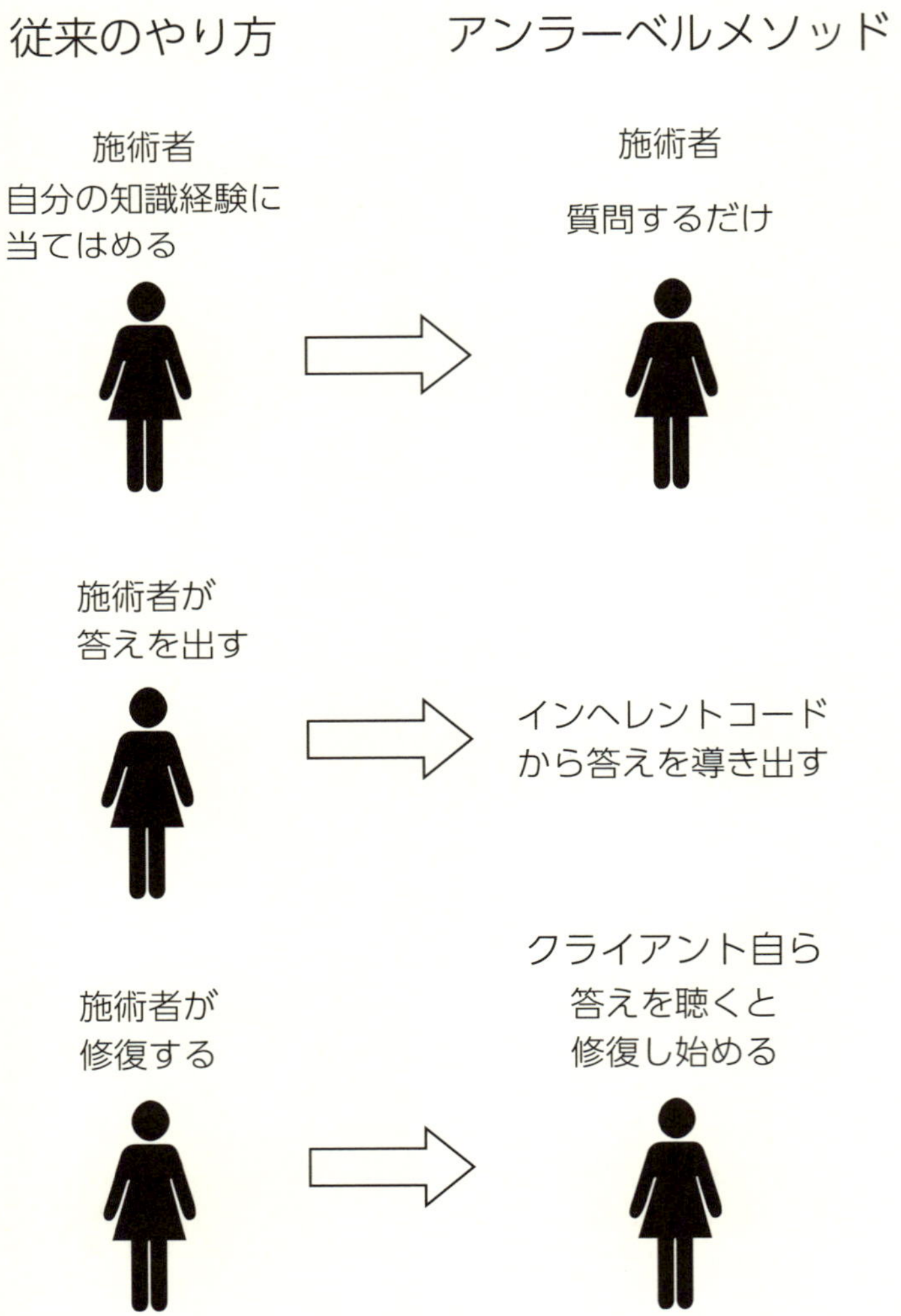
従来のやり方
アンラーベルメソッド
施術者
自分の知識経験に
当てはめる
施術者
質問するだけ
施術者が
答えを出す
インヘレントコード
から答えを導き出す
施術者が
修復する
クライアント自ら
答えを聴くと
修復し始める

その状態をインヘレントコードを使って確認しながら説明したところ、モデルになってくださった方は、説明するたびに痛みというより、身体全体がどんどん緩む感覚になりました。「身体全体の細胞に水分が不足しています」と話した瞬間に、全身が温かくなり「説明するだけで身体はこんな風に反応するんですね」と、驚かれていました。

さらに、身体に「次にバランスするところはどこですか？」と質問を続けると、この方の場合は、潜在意識に「犠牲者意識」が入り込んでいることが分かりました。犠牲者意識が強いと、自分を楽にしたり幸せにする方向ではなく、無意識に悪い方向を選択することがあります。今回のケースでは、犠牲者意識の具体的な原因は、過去世まで遡りました。過去世から続く犠牲者意識によって、自分に良い栄養を与えなかったり、身体を冷やすようなことをしたり、健康にならない方向に生活習慣を身につけたりしていました。

その結果、泌尿器系が弱り、右膝の痛みに繋がっていました。東洋医学では、泌尿器系は木火土金水の中で水の要素に分類されますが、水の要素である腎臓や膀胱が弱ると、骨や関節に影響が出ます。腰痛や膝の痛みを訴える方々は、体が冷えていることが多いです。この方もそのような状態でした。そして、泌尿器系が弱る原因として、深い部分に犠牲者意識を持っていました。

ヒューマンボディフィールドマップ（HBFマップ）について

アンラーベルメソッドの核心部分は、独自に開発したヒューマンボディフィールドマップ（HBFマップ）システムにあります。このHBFマップには、人間の心身に関わる様々な要素が網羅されており、決められた順序に従って質問を進めていきます。ボディ、エネルギー、マインド・スピリットサブコンシャスネスなど、多岐にわたる項目が含まれています。

ボディの部分では、内臓、内分泌、骨格、神経など、肉体に関わるあらゆる要素を調べます。エネルギーの項目ではチャクラを、マインド・スピリットでは健康観や金銭感覚、潜在意識に潜む恐怖や罪悪感、信念、感情などを探ります。さらに、伝統中医学の五行思想や、環境要因、先祖や前世の影響や多次元の情報まで、幅広い視点から問題にアプローチします。

セッションを始める際には、まずクライアントの現状をカルテに記録します。そして、ＨＢＦマップに沿って質問を進めていくと、クライアントの体の反射を通じて、インヘレントコード（内在する叡智）が適切な答えを導き出してくれます。この過程で、表面的な症状の奥に潜む根本的な問題が明らかになっていくのです。

時には、先祖や前世からの影響が浮かび上がることもあります。例えば、先祖の自殺が子孫のネガティブな思考パターンに影響を与えているケースなどです。こういった深層の問題が分かると、単に身体的なケアだけでなく、信念システムの変容を促すことができます。

わたしの役割は、クライアントのインヘレントコードに働きかけ、自然な癒しのプロセスを促すことです。この方法により、クライアント自身が「そうだったのか」という気づきを得て、徐々に前向きな変化を遂げていくのを見てきました。

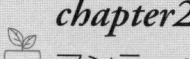

キリスト意識と連動するインヘレント
コードに直接、質問してアクセスする
から施術者の主観や意図知識経験で
当てはめない

⇩

施術者も予想を超越する答えが出る（えっ？）
クライアントもびっくりする（えっ？）

⇩

その答えを聴いて
クライアント自身が
自分で自動的に修復機能が働き出す

⇩

施術者はただ質問するだけ

⇩

答えはインヘレントコードから
修復はクライアント自ら

⇩

変化をその場で確認

アンラーベルメソッドは、人間の複雑な心身のメカニズムに対する深い理解と、宇宙の叡智、そしてキリスト意識を融合させた包括的なアプローチです。わたし自身、このメソッドを通じて日々新しい発見があり、さらなる進化の可能性を感じています。これからも、より多くの方々の心と体の調和を取り戻すお手伝いができることを願っています。

補完し合うことで得られるメリット

・ヒプノセラピー

ヒプノセラピーは、クライアントを催眠状態に導いて前世の記憶を体験してもらうことで、今世での問題やトラウマの原因を探って解消したり、人生の方向性を見つける手助けをしたりする手法です。アンラーベルメソッドの講座でも4カ月目に前世ワークを行っていますが、ヒプノセラピーは誘導催眠により人々の内面に癒しと変化を与えてくれると、人々の間でも高い人気を誇っています。

アンラーベルメソッドでも過去世にアクセスすることが可能です。特徴は驚くほど短時間だということ。これは、その過去世に今世の問題の原因があるかどうかをダイレクトに見に行き、インヘレントコードを使ってカラダの声を聴き、そこにどのような信念や感情があるのかを聴き取り、その場ですぐリリースしてしまうという方法です。1つの過去世に対する問題を3分ぐらいで解消することができるので、皆さんびっくりされます。

実際にアンラーベルメソッドの施術を体験したクライアントのほぼ全員から「潜在意識へのアクセスが非常に早く、なおかつ正確」という高い評価をいただいています。

先日「パートナーが欲しいけどなかなかできません」という女性がサロンにいらっしゃいました。彼女のインヘレントコードにアクセスすると、出てきたのは「そもそも彼氏が欲しいとは思っていない」という答え。それが今回の課題となりました。

その後、ある過去世を見ると、当時の恋人にかなりしつこくつきまとい、今でいうストーカーのような状態になり、捨てられたという経験がありました。その捨てられたショックと深い執念がそのまま記憶され、今世でも過去世での捨てられたショックが残っているため、愛情を失うことへの強い恐怖から、無意識にパートナーとの出会いを避けてきたのです。

早速その部分をリリースし、セッションを終えると彼女は腑に落ちた様子でこう話してくださいました。

「こんなに早く原因がわかるなんて本当に不思議ですね。これまで、彼氏がいないのに、なぜか男性にしつこくしてはいけないという思いが湧き上がって、誰とも付き合ったことがないのに、なんでこんな気持ちになるのかが不思議に思っていましたが、過去世から来ているものだったんですね」

全てが明らかになって、ほっとしたような彼女の笑顔が、強く印象に残っています。

過去世は今世に大きな影響を与えるもの。

すでにクライアントの潜在意識に入り過去世を見る技術を持つヒプノセラピストの方々は、アンラーベルメソッドという新しいアプローチのメソッドで、より可能性を広げることができるかもしれません。非言語コミュニケーションのまま、あっという間に過去世の情報を引き出したら20秒でその問題は解消されます。

・占い

時代も国も超えて多くの場面で使われ、人々に愛されてきた占い。現在や未来の運勢を鑑定する占いでは、統計学的な要素だけではなく、直感や霊感によってエネルギーを読み取ることも大切です。つまり、占いは統計学的なデータと占い師の直感や霊感がかけ合わされたものなのです。

アンラーベルメソッドは、占いとは異なるアプローチを取りますが、それは決して占いの価値を否定するものではありません。むしろ、アンラーベルメソッドは占い師の皆様の直感力や霊感をさらに強化し、より深いレベルでクライアントの問題にアプローチする手段となり得るのです。

例えば、恋愛相談でよくある「彼が浮気性で困っています。どうしたらいいですか？」という質問に対して、占いでカップルの相性を見るだけでなくアンラーベルメソッドでは「そんなどうしようもない男性なのに、なぜあなたはその人を好きになったのか」「なぜあなたはその人を引き寄せたのか」というところまで探り、答えを出していきます。そして、その根源にあるものをバランスすることで、クライアントの潜在意識レベルで変化を促します。

統計学以上の質問に対しても、即座にクライアントに解決策を提案できて、なおかつクライアントの問題を一瞬で解決できたら新たな世界が広がりませんか？

占い師の皆様、アンラーベルメソッドは、占い師の皆様の豊かな知識と経験、そして鋭い直感力と組み合わせることで、クライアントにより深い洞察と変容をもたらす可能性を秘めています。

・ヒーリング

ヒーリングには、スピリチュアルヒーリングやレイキヒーリング、音やアロマを使ったヒーリングなど、さまざまな種類があります。これらは、クライアント一人ひとりが抱える病気、人間関係、恋愛、お金、仕事などにまつわる、トラウマや怒りや悲しみといったネガティブな感情を取り除いて癒す、素晴らしい方法です。

アンラーベルメソッドは、これらの素晴らしいヒーリング技術と補完し合うことでより効果的なヒーリングを可能にします。アンラーベルメソッドの特徴は、施術者がインヘレントコードにアクセスすると、カラダ自らが語り出し、そのフィードバックにより、自動的にクライアントの自己治癒力が働くようになるというところにあります。

例えば、浄霊ヒーリングでも、アンラーベルメソッドは単に浄霊するだけではなく、まず浄霊前に、なぜ自分が霊を呼び寄せてしまうのかをバランスします。これにより、根本的な原因を突き止めてから波動を変えることができ、より持続的な効果が期待できるのです。

ヒーラーの皆様、アンラーベルメソッドは、ヒーラーの皆様方がすでに持っているハイヤーセルフや高次の存在と繋がる力に、「カラダの声を直接聴き、問題の根本原因を見つけ出し、自己治癒力を引き出して瞬時に改善できる」という新たな力を加えることができます。これにより、ヒーラーとしてさらに飛躍的な進化を遂げることができるでしょう。

・チャネリング

天使やハイヤーセルフなど、高次の存在と繋がったチャネラーが、メッセージを受け取るチャネリング。高次の存在のアドバイスによって、クライアントが自身の本質を知り、悩みを解決したり、願望を実現したりする手法です。

アンラーベルメソッドは、チャネリングの素晴らしさを理解し、それを補完する手法といえるでしょう。アンラーベルメソッドでは、インヘレントコードから得たメッセージを、クライアントのカラダにフィードバックすることで、自動的に現実的な行動や考え方、状況までも変化させる手助けをすることができます。

チャネラーの皆様が受け取るメッセージをより具体的に、より効果的にクライアントの現実に反映させる手段となり得るのです。高次の存在からのメッセージと、クライアントのカラダからの直接的なメッセージを組み合わせることで、より包括的で効果的なセッションが可能になるでしょう。

・AI

今、AIにより周波数を測定する波動測定器が人気を集めています。これらのAIツールは非常に優れたものばかりで、エネルギーのバランスに関心のある人々にとっては頼もしい存在になっているようです。

アンラーベルメソッドは、これらの最新技術と補完し合う関係にあります。アンラーベルメソッドの特徴は、質問者の会話力や質問力に関係なく、カラダに直接問いかけてエネルギーが滞った箇所を解消し、クライアントの自己治癒力により、それぞれ本来の自分に戻っていくことができる点にあります。

ＡＩツールを使用している皆様、機械的な測定とその測定結果に対して、瞬時にそれを解消するアンラーベルメソッドの融合で、より包括的で個別化されたアプローチを可能にします。これにより、クライアントにより深い洞察と変容をもたらすことができるでしょう。

・心理カウンセリング（コーチングも含む）

心理カウンセリングでは時間をかけて少しずつ探っていくのが一般的ですが、アンラーベルメソッドでは、もっとダイレクトにクライアントの潜在意識に働きかけていきます。

深く傷つき、ハートを閉ざしたクライアントは、自分が感じることや本心を話すのが苦手だったりします。左脳で答える会話より、非言語コミュニケーションによる手法を取ると、早く問題解決にたどり着くことがあります。

これは決して従来の心理カウンセリングの価値を否定するものではありません。むしろ、両者を組み合わせることで、より包括的で効果的なアプローチが可能になるのです。

心理カウンセラーの皆様、アンラーベルメソッドはカウンセラーの方々の深い洞察力と丁寧なアプローチに、より直接的で迅速な変化をもたらす手法を加えることができます。これにより、クライアントの潜在意識により深くアプローチしつつ、より迅速な変化を促すことが可能になるでしょう。

アンラーベルメソッドは、スピリチュアリストの皆様がすでに持っている素晴らしい能力や技術に加えていただいて、それらを強化し、増幅させる可能性を秘めています。このメソッドを学ぶことで、あなたの施術はより深く、より効果的なものになるでしょう。

さらに、このメソッドは多次元レベルの意識にアクセスすることができます。これは、みなさま方が日々追求している「高次元の意識」や「宇宙意識」との繋がりを、より具体的に、より確実に実現する方法といえるでしょう。

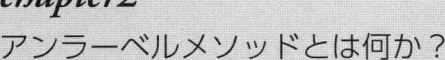

アンラーベルメソッドを学ぶことで得られる未来

1. 病院でもわからなかった根本原因を発見できます。
2. 医者でも治せなかった病気、不調、痛みを改善できます。
3. 遠隔でも症状の根本改善に導けます。
4. 人間関係、仕事、お金のテーマも根本改善が可能です。
5. クライアントの潜在意識により深く、より迅速にアクセスできるようになります。
6. クライアントの自己治癒力を最大限に引き出すことができます。
7. より高次元の意識とつながり、より包括的なヒーリングを提供できるようになります。
8. あなたの直感力と洞察力がさらに強化されます。

アンラーベルメソッドは、あなたの能力をより豊かで深いものにする可能性を秘めています。このメソッドを通じて、あなたは自身の能力をさらに高め、より多くの人々をサポートし、この世界をより良い場所にする力を手に入れることができるのです。

あなたの直感力、霊感、そして長年の経験と知識を最大限に活かしながら、さらに深いレベルでクライアントをサポートする方法を提供します。このメソッドを学ぶことで、あなたの施術はより包括的で、より効果的なものとなり、クライアントに対して、より大きな効果、そして変容と成長を与えることができます。

それは、クライアントが途切れないという結果につながっていくものとなります。

変革の時代を生きる
スピリチュアリストへ

～人類への癒しと貢献～

chapter3

地球は今、かつてない速さで変化の波に包まれています。あなたも日々の生活や仕事の中で、この急激な変化を肌で感じているのではないでしょうか。個人の生活、政治、経済、あらゆる面で変革の兆しが見えています。

宇宙の真理として、変化は常に存在します。しかし、その変化のスピードと強さには波があり、時に急速に、時に穏やかに訪れます。この違いは何から生まれるのでしょうか。太陽系の動き、宇宙エネルギー、太陽活動などの影響も確かにありますが、最も本質的な要因は私たち人間の意識そのものです。一人ひとりの魂の目覚めと進化、日々の選択が、地球全体の変化の速度と方向性を決定づけているのです。

本書は、人々のカラダと心の悩みを解消し、意識を変容させるために日々奮闘しているヒーラー、セラピスト、占い師など、スピリチュアリストの皆さんへ向けた私からのメッセージです。近年の不安定な社会情勢―コロナ禍、物価高、国際紛争など―により、人々の日常は大きく変化しました。あなたも例外ではなく、困難な状況に直面しているかもしれません。さらに、あなたが提供してきたスピリチュアルセッションにも影響が及んでいるのではないでしょうか。

「従来のセッション方法に限界を感じている」「サロンの運営に行き詰まりを感じている」「集客が難しくなった」こういった悩みを抱えるプロの方が増えているように思います。もし、これらの悩みに少しでも心当たりがあれば、ぜひこのまま読み進めてください。きっとあなたの心に響く何かが見つかるはずです。

たとえ集客に問題を感じていなくても、次のような課題に直面していませんか？「クライアントの不調や問題がなかなか解決しない」「クライアントのモチベーションが続かず、すぐに行動が止まってしまう」「変容したと思ってもすぐに元の状態に戻ってしまう」

これらの問題の根源は、クライアントが抱える心理的な根本原因にあります。その根本原因が解消されない限り、問題は繰り返し顕在化します。一時的に消えたように見えても、また現れてくるのです。「今までの手法で限界を感じているのに、根本原因を解消できる手法なんてあるの?」そう思われるかもしれません。しかし、答えは「ある」のです。それは「カラダの声」を聴くこと。この「カラダの声」を聴く画期的なメソッドが、驚くべき結果をもたらしてくれるのです。

潜在意識に直接アプローチして根本原因を取り除くエネルギーメソッド、それが「〝アンラーベルメソッド〟魔法の潜在意識ヒーリング」です。このスキルを習得すれば、クライアントの悩みのブロックが外れ、大きな変容が起こり始めます。アンラーベルメソッドは、キリスト意識と繋がり、高次元の波動のもとで行う再現性の高い手法で、悩みの根本原因を取り除く魔法の潜在意識ヒーリングなのです。

「カラダから答えがくる」

このメソッドの特徴は、クライアントを鑑定したり診断したりせずに、劇的な効果が期待できること。あなたが答えを導き出すのではなく、クライアントのカラダの声を聴くことで、カラダ自身が答えを教えてくれるのです。そのため、クライアントも施術者も想像もしなかった答えに衝撃を受けることがよくあります。

私のサロンでは、このアンラーベルメソッドを用いたセッションを行っています。驚くべきことに、21年間口コミだけで集客を続け、98パーセントという極めて高いリピート率を誇っています。自分でも気づかなかった「カラダからの答え」を聴く技術に興味はありませんか？　これは誰でも習得でき、再現性のある技術です。キリスト意識と連動するインヘレントコードにアクセスすれば、心や潜在意識という目に見えない情報を可視化しながら、クライアントの問題を解決に導きます。

波動や一般的な占いで分かることはもちろん、病気や体調不良、クライアントの前世や先祖から受け継ぐトラウマの家族連鎖や金銭問題、才能発揮など、全てを行うことができます。そして、その「宿命」の結果を受けて、どう人生を切り拓いていくか、具体的な問題解決方法を「インヘレントコード」によって導き出すのです。だからこそ、高いリピート率を維持できているのです。

今までのセッション方法や集客に行き詰まりを感じているあなたが、この本を手に取ったのは偶然ではありません。

本書では、驚異の「〝アンラーベルメソッド〟魔法の潜在意識ヒーリング」の秘密を大公開します。

誰も気づかなかった「カラダからの答え」を聴く、画期的な技術をあなたのものにしてみませんか？

お客さんを鑑定しない、診断しない唯一の施術メソッド

なぜ、お客さんの悩みを解決できないのか？

⇩

それはあなたが習得した知識、知見、主観を
当てはめてしまうから

＝

あなたが答えを出してしまうから
（例：お金のブロック、親からの解放、お金へのブロック……）

★でもアンラーベルメソッドなら
答えをあなたが出すのではなく、導かれるのです
だから、クライアントも「えっ？　何でそんなことまでわかるんですか？」
と驚き、施術する側も「えっ？」と想像を超越する答えに驚くのです

⇩

そして導かれ可視化された答えのエネルギーをクリアにして根本原因を取り除くことで、クライアント自身が自動的に修復していくので解決するのです

【宣伝ゼロ】21年間クライアントが途切れない手法

多くのスピリチュアリストは、集客のためにSNSやブログに多大な時間と労力を費やしています。Facebook・X（旧Twitter）・Instagramへの毎日の投稿、回数券や値引き、プレゼントなどの特典の考案…これらの努力にもかかわらず、新規クライアントの獲得に苦戦しているのが現状です。

なぜ、これほどの努力が報われないのでしょうか？ その主な理由の一つは、市場の飽和状態にあります。従来のヒーリングや占いの手法を使用する施術者が多数存在し、特別なスキルや知名度がなければ、価格競争やサービスの差別化が必要になります。これは精神的にも大きな負担となり、常に新しいことを提供しなければならないというプレッシャーに苛まれることになります。

私の経験は、このような一般的な傾向とは大きく異なります。美と健康、癒しに関わるサロンを40年、アンラーベルメソッドに携わって23年になりますが、この間、SNSやブログを使った宣伝を一切行わずに98パーセントというリピート率を維持しています。クライアントは全て口コミで来店されるのです。

もちろん最初の頃は、この手法を知っていただくために有料コンテンツを使用したこともありました。しかし、一度のセッションでクライアントが期待以上の効果を体感すると、ほぼ全員がリピーターになってくださいます。そしてそのクライアントのご家族、友人・知人が訪れてきてくれますので、新規開拓の必要がないのです。

23年間リピート率 98%
口コミも発生

アンラーベルメソッド

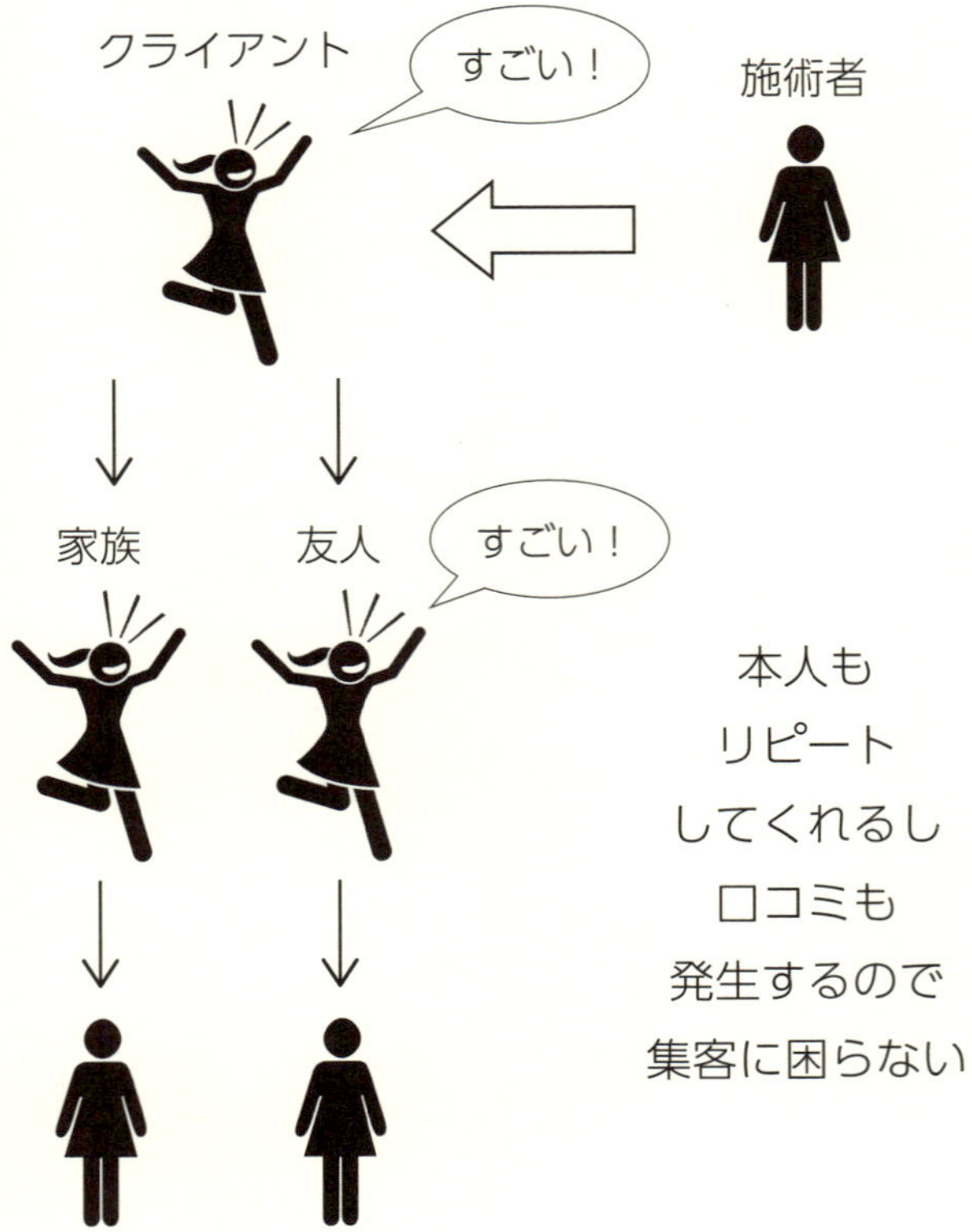
クライアント
すごい！
施術者
家族
友人
すごい！
本人も
リピート
してくれるし
口コミも
発生するので
集客に困らない

一般的なビジネス

SNSなどで新規集客に励む
回数券、値引きなど価格競争
特典など

安定して続けていくことができる理由

クライアントが抱える問題は一つだけではありません。一つの問題がクリアされても、また新たな課題が浮上します。そのたびに、クライアントは私のセッションに戻ってきてくださいます。最長で10年以上通い続けてくださっている方もいらっしゃいます。うれしいことに、満足したクライアントが家族や友人にその素晴らしい効果を伝えてくださるので、施術を受けたいという人の輪は今だに、どんどんと広がっています。一人のクライアントの口コミから40～50人もの新規クライアントが来られたこともありました。

アンラーベルメソッドの独自性は、非言語コミュニケーションで潜在意識から直接問題解決の情報を読み取れる点にあります。このような手法を扱える人は非常に少ないため、競合する施術者がほとんどいません。そのため、他の施術者との価格競争や差別化、自分の価値を下げる必要がありません。これにより、あなたは精神的に安定し、安心した状態で施術に臨むことができます。不安がなければ、あなたの才能を存分に発揮できるはずです。さらに、ヒーリングや占い技術には流行り廃りがありますが、アンラーベルメソッドにはそういったデメリットがありません。これは、今後も長期にわたり安定して需要がある手法なのです。

社会へ癒しの貢献をしていく養成講座の役目

令和の時代は、全ての人が本来の自分を解放し、生き生きと人生を歩める時代です。宇宙と繋がり、自然と共に生きることが理想的な姿です。私はこの理想に向けて、アンラーベルメソッド養成講座を運営しています。この養成講座では、革新的なヒーリング手法を学び、プロのヒーラーとして成長し、自己実現とともに人類への癒しと貢献を実現するための実践的なスキルを身につけることを目指しています。単に手法を学ぶだけでなく、口コミが絶えないヒーラーになるための秘訣もお伝えしています。

アンラーベルメソッドは、病気や症状の深い意味を解き明かし、身体の不調を通じて私たちの内面に潜む感情やストレスを映し出す方法です。思考、感情、過去の記憶や経験から生まれる思い込みや信念は、健康や人生のあらゆる側面に大きな影響を与えます。このメソッドは、これらを整理し、自分自身と深く繋がり、本質に立ち返るプロセスを提供します。

従来の対症療法的なアプローチや、言葉を介した心理カウンセリングとは異なり、アンラーベルメソッドでは、カラダに現れた無意識からのサインに即座に対処します。クライアントは自ら悩みを打ち明ける必要はなく、ただベッドに横たわってリラックスしているだけで、心身の不調から人間関係に至るまで、あらゆる問題が自然と解決していきます。根本から解決するため、症状が再発することは基本的にありません。潜在意識からの答えを読み解き、独自のシステムとテクニックを用いて、エネルギーの滞りを瞬時に解放し、内側から本来のクリアな状態へと戻していくのです。

精度高いセッションを提供できるようになれる理由

このヒーラー養成講座は、様々な方に適しています。
特に以下のような方々にお勧めです。
・自己や他者の癒しに深い関心を持ち、そのスキルを磨きたい方
・人生の目的や魂の望みを探求し、より高い意識レベルに到達したい方
・現在の仕事や人生の方向性に迷いを感じている方
・ヒーリングやセラピーを事業として展開したい方

本講座では、革新的なヒーリング手法を学び、プロのヒーラーとして成長することができます。同時に、自己実現と人類への貢献を果たすための実践的なスキルを身につけることを目指します。効果的な解決方法を習得しセッションの精度を高め、クライアントから感謝され確実に成果を出せるヒーラー・セラピストになりませんか？

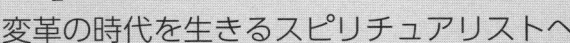

それによって幸福度を高め経済的豊かさを手に入れる、あらゆる問題に対処できる万能なヒーラー・セラピストに成長する、といった目標を達成できます。

セッションの神髄

私たちのカラダは、常に豊かな情報を発信していますが、多くの人はその声に気づかず、あるいは無視してしまいます。アンラーベルメソッドでは、その声に耳を傾け、解読し、そして適切に対応する方法を学びます。

このアプローチの素晴らしさは、クライアントの意識的な思考や言葉に頼らずに、真の問題の根源にアクセスできる点にあります。多くの場合、人々は自分の問題の本当の原因を意識していません。表面的な症状や、自分で「問題だ」と思い込んでいることに囚われがちです。しかし、カラダの声は嘘をつきません。潜在意識レベルでの真の課題を、正直に、そして的確に伝えてくれるのです。

アンラーベルメソッドを習得することで、あなたはヒーラーやセラピストを超えた存在になりクライアントの人生の真の通訳者となるのです。その人の過去、現在、そして可能性としての未来を読み解き、最適な道筋を示す力を持つことになります。

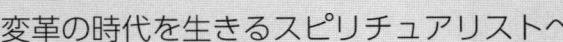

このメソッドは、従来の西洋医学や心理療法とも、また一般的なスピリチュアルヒーリングとも一線を画します。それは、科学的アプローチと直感的な洞察、現代の知識と古代の叡智を融合させた、真に統合的なアプローチなのです。量子物理学の知見を取り入れることで、私たちの意識と現実の創造の関係性についても深い理解を得ることができます。

アンラーベルヒーラーとして活動を始めると、あなたはクライアントの驚くべき変化を目の当たりにすることでしょう。長年苦しんできた慢性的な症状が消える、人間関係が劇的に改善する、長年の夢が突如として実現し始める…こういった「奇跡」のような出来事が、日常的に起こり始めるのです。

そして、これらの変化はクライアントだけでなく、あなた自身の人生にも起こります。なぜなら、このメソッドを学び実践することは、同時にあなた自身の深い癒しと成長のプロセスでもあるからです。あなたは、クライアントを癒すと同時に、自分自身も癒されていくのです。

アンラーベルメソッドは、単なるビジネスの手段ではありません。それは、真の自己実現と、人類全体の意識の進化に貢献する道なのです。この道を選ぶことで、あなたは経済的な豊かさを得ると同時に、魂レベルでの深い充足感も味わうことができるでしょう。

アンラーベルメソッドの魅力は、その普遍性と適応性にもあります。このメソッドは、年齢、性別、文化的背景を問わず、誰にでも効果を発揮します。なぜなら、私たち人間の本質的な部分、つまりカラダと潜在意識の繋がりに働きかけるからです。

このメソッドを学ぶ過程で、あなたは人間の本質についての深い洞察を得ることになります。私たちは皆、表面的には異なって見えても、根本的なレベルでは同じ生命エネルギーに繋がっているのです。この認識は、クライアントとの深い共感と理解を生み出し、より効果的なヒーリングを可能にします。

そして、アンラーベルメソッドは常に進化し続けています。基本的な原理は変わりませんが、新しい科学的発見や古代の叡智の再発見を取り入れ、常に最新かつ最も効果的な形に更新されています。つまり、このメソッドを学ぶことは、生涯にわたる成長と学びの旅の始まりなのです。

そのキャリアは、経済的な安定だけでなく、深い個人的満足ももたらします。人々の人生を良い方向に変える手助けをすることで得られる喜びは、何物にも代えがたいものです。同時に、このメソッドは場所や時間の制約を受けにくいため、あなた自身のライフスタイルの自由度も高めることができます。

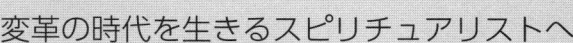

最後に強調したいのは、アンラーベルメソッドが単なる「テクニック」ではなく、生き方そのものだということです。このメソッドを学び、実践することで、あなたは日々の生活の中で、より意識的に、より調和的に、そしてより喜びに満ちて生きることができるようになるでしょう。

アンラーベルメソッドの道を選ぶことは、自分自身と世界をより良いものに変えていく決意をすることです。あなたの中に眠る無限の可能性を解き放ち、確立した手法で悩みを抱えている人々を幸せへと導いていくことができるのです。

アンラーベルメソッドの核心

人間の潜在能力を最大限に引き出すことを可能にするのがこのメソッドの最大の力

です。私たちは皆、驚くべき自己治癒力と創造力を持っていますが、多くの場合、それらは眠ったままになっています。このメソッドは、その眠れる力を呼び覚まし、活性化させる鍵となるのです。

従来のヒーリング手法では、施術者が「外部」からエネルギーを送ったり、施術者が学んできたやり方に沿って、問題を解決したりするアプローチ方法が一般的でした。しかし、アンラーベルメソッドでは、クライアント自身の内なる自己治癒力を引き出すことに焦点を当てています。これにより、クライアントは自身の癒しのプロセスに主体的に関わり、より深い変容と持続的な効果を体験することができます。

このメソッドの革新性は、科学とスピリチュアリティの融合に見られます。最新の脳科学や量子物理学の知見を取り入れつつ、古代の叡智やスピリチュアルな実践も統合しています。これにより、合理的思考を持つ人々にも受け入れられやすく、同時にスピリチュアルな探求を望む人々の期待にも応えることができるのです。

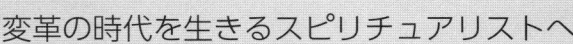

アンラーベルメソッドを学ぶことで、あなたは単にテクニックを習得するだけでなく、人生や宇宙に対する深い洞察を得ることができるのではないでしょうか。私たちは皆、この広大な宇宙の中で繋がり合い、影響し合っています。このメソッドでは、その繋がりを実感し、活用する方法を学ぶことができるのです。

ゼロポイントフィールドへのアクセス

アンラーベルメソッドの魅力的な点の一つは、その汎用性にもあります。このメソッドは、身体的な健康問題から、精神的な悩み、人間関係の課題、キャリアの停滞、さらにはお金の悩み、経営の問題まで、あらゆる人生の問題に適用可能です。つまり、一つのメソッドを習得することで、多様なクライアントのニーズに応えることができるのです。

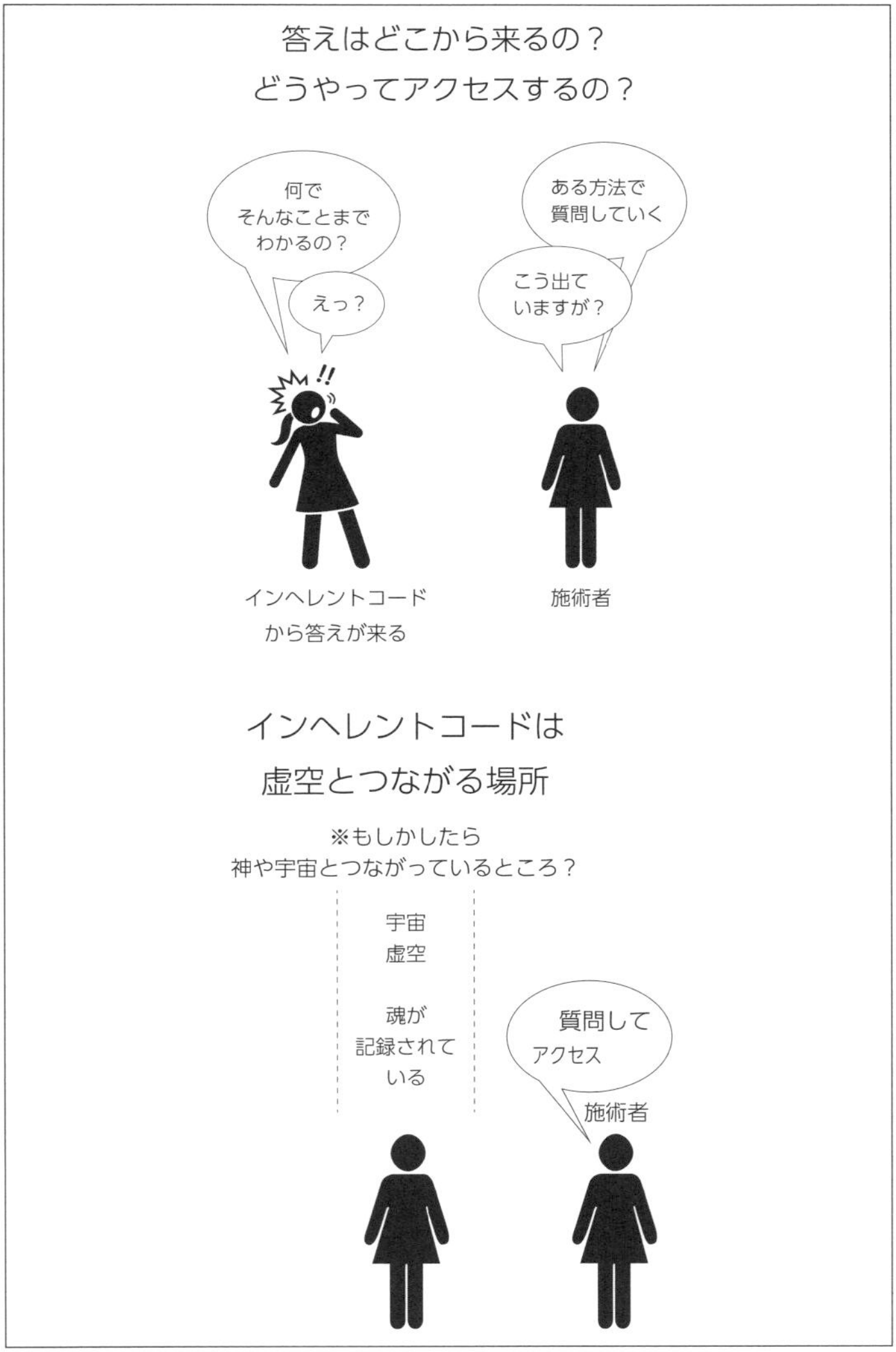
答えはどこから来るの？
どうやってアクセスするの？
何で
そんなことまで
わかるの？
えっ？
!!
ある方法で
質問していく
こう出て
いますが？
インヘレントコード
から答えが来る
施術者
インヘレントコードは
虚空とつながる場所
※もしかしたら
神や宇宙とつながっているところ？
宇宙
虚空
魂が
記録されて
いる
質問して
アクセス
施術者

また、このメソッドは常に進化し続けています。定期的なアップデートやフォローアップ講座により、最新の知見や技術を学び続けることができます。これは、あなたのスキルが陳腐化することなく、常に最前線で活躍できることを意味します。

アンラーベルメソッドを通じて、あなたは真の「チェンジメーカー」になることができます。一人ひとりのクライアントの人生を変えることで、社会全体にポジティブな影響を与えていくのです。これは、単なる仕事以上の、深い使命感と充実感をもたらすでしょう。

従来の手法で行き詰まりを感じていたヒーラーや占い師、心理カウンセラーの先生方に、新たな可能性の扉を開きます。クライアントの問題がより迅速かつ効果的に解決されることで、ビジネスの成長にも繋がります。

そして、いつの間にかあなた自身の人生の質も向上させます。

なぜなら、このメソッドの原理を日常生活に適用することで、自己理解が深まり、より意識的な選択ができるようになれるからです。結果として、あなたの人間関係、健康状態、経済状況なども改善していくでしょう。

特に強調したいのは、アンラーベルメソッドが単なるビジネスツールではなく、世界をより良い場所にするための手段だということです。一人ひとりが自分の本質的な力に目覚め、それを発揮することで、私たちの社会や地球全体がより調和的で平和なものになっていくのです。

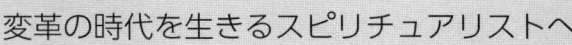

アンラーベルメソッドの真価は、その実践を通じて初めて理解されるものです。多くのヒーラーが、このメソッドを学び始めた当初は半信半疑でしたが、実際にクライアントに対して使用してみると、その効果の驚異的な威力に衝撃を受けたと言ってくださいます。

このメソッドの特筆すべき点は、クライアントの「無意識の抵抗」をも解消できることです。多くの場合、人々は無意識のうちに自己の変化や成長を妨げています。アンラーベルメソッドは、この無意識の抵抗にも直接アプローチし、解放することができるのです。これにより、従来の手法では困難だった深いレベルでの変容が可能となります。

また、アンラーベルメソッドは、クライアントの「自己責任」の感覚を高めることにも貢献します。このメソッドを通じて、クライアントは自身の問題の根源が自分の内側にあることを理解し、それを変える力も自分の中にあることを実感します。これは、クライアントの自己効力感を高め、長期的な変化を促進する重要な要素となります。

さらには、「カルマの解消」を促進します。過去世からの未解決の課題や、現世で作り出したカルマを認識し、解消する手助けをします。これにより、クライアントはより自由に、より本来の自分らしく生きることができるようになり「DNAの活性化」にも力を発揮していきます。私たちのDNAには、まだ活性化されていない多くの可能性が眠っています。アンラーベルメソッドは、これらの眠れる可能性を呼び覚まし、活性化する手助けをします。

このメソッドを学び、実践することは、単なるスキルの習得を超え「ゼロポイントフィールド」へのアクセスが可能になります。

全ての可能性が存在する量子の真空状態にアクセスし、そこからの創造と変容のプロセスを学ぶことができ、真の自己変容と意識の進化を得ることができるのです。

アンラーベルメソッドで解決！

本章では、このアンラーベルメソッドの
比類ない魅力をあなたにより深く知って
もらうため、

施術により心やカラダ、そして人生まで
もが大きな変容を遂げたクライアントの
事例をご紹介していきます。

chapter4

事例1 乳がんが奇跡的に消失

Aさん 女性 50代

病院で乳がんと診断されたAさん。ショックを受けながらも「横山さんなら治せるかもしれない！」と一縷の望みをかけてサロンに来られました。

お話を伺うと、来週から抗がん剤治療が始まり、小さくなったら手術で除去する予定とのこと。

セッションが始まると、Aさんのカラダはがんになった原因を詳細に語り出しました。職場で受けた不当な扱いを受け、52歳で解雇されたときのトラウマ、それに対する深い怒り、49歳のときに使用した薬による細胞のダメージ、8歳のときに同級生の男の子から受けた感情的な傷、そして37歳で抱えた男性関係のもつれによるつらい記憶……。

次々にいろいろな心の痛みが現れます。これらは全て胸のがん細胞の遺伝子の異常（エピジェネティクス）の原因に繋がっていました。これは、「遺伝子の異常部位を細胞修復せよ！」というカラダからのメッセージ。

遺伝子の異常もアンラーベルメソッドで修復できるのです。

さらに、潜在意識に隠されていたのは「自分の人生は暗闇に閉ざされている」という信念。この信念の影響が、こんなにもわかりやすく、Aさんの肉体や人生に響いていることに驚きました。

Aさんはその声に忘れていた過去の記憶が呼び覚まされ、戸惑いを隠しきれないようでした。

そう、カラダはなぜそうなったのかを知っています。

そして、どうやったら修復できるかも知っています。

私はAさんに、「抗がん剤の副作用をなるべく抑えるようにしましょうね」と伝え、セッションを実施しました。

セッション後に表れた驚きの効果

後日、Aさんからお聞きした話ですが、1回目のセッションのあと、精神的にかなり強くなったそうです。あんなに悲しみで毎日のように泣いていたのが嘘のように心が穏やかになり、悲しみと心配は消え去ってしまったとのことでした。

もちろんその効果は、これだけではありません。

抗がん剤治療は通常、強い副作用が伴うといわれています。でも、私のセッションのあと、Mさんにはまったく副作用が起こらなかったのです。これには病院の医師たちも皆、首を傾げていたそうです。

でも、何よりもAさん自身が驚いたのは、たった3週間強、セッション2回とアロマセルフケアを行っただけで、がんの大きさが半分にまで縮小したことでした。

さらに、3回目のセッションから10日後に、Aさんからさらに驚くような報告がありました。

「前回のセッションから10日後、乳がんが完全に消えてしまったんです！　自分で触ってみても、母に確認してもらっても、もうどこにもシコリがありません。抗がん剤はこんなに短期間では効かないと思うので、セッションとアロマセルフケアのおかげです」

私がこのセッションで目指していたのは、がんを改善することではなく、がんを引き起こした原因を取り除くこと。このときも私が行ったのは、がんを引き起こした原因をカラダの中から取り除き、インヘレントコード（内在する叡智）が教えてくれる通りにバランスを整えることだけでした。

カラダ自身が「なぜがんになったのか」「どうしたら良くなるのか」をすべて知っているからです。

凝り固まった信念をアップデート

施術後、変わったのはがんの大きさや体調だけではありません。彼女の人生そのものも大きく変わりました。彼女の魂が本当に望んでいた仕事の流れが訪れ、一気に人生が変容したのです。乳がんという出来事さえも、彼女の魂を成長させるための大切な経験だったのでしょう。

このように、アンラーベルメソッドを通して、「インヘレントコード」（内在する叡智）に耳を傾ければ、無限の可能性が開かれます。

がんはカラダのメッセンジャーに過ぎません。何かがおかしい、どこか調子が狂っている、と私たちに教えようとしているのです。

こんなことまで教えてくれる「インヘレントコード」って本当にすごいと思いませんか？

大切なのは、一人ひとりの潜在意識にあるネガティブな信念をアップデートすること。潜在意識は大きな集合意識の領域にまで繋がっているのです。

今回は、「自分の人生は、暗闇に閉ざされている」という信念をアップデートすることで、日本全体の集合意識である「自分の人生は暗闇に閉ざされている」という信念に波紋を投げかけました。この波紋が広がれば広がるほどこの信念が緩んで微調整され、多くの人が生きやすさを感じられるようになります。

あなたのたった1つのアップデートが、この世界、地球の住みやすさを創造します。

あなたの1つのアップデートが、あなただけでなく、周りも幸せにします。

こうして宇宙は、見えないけれど、確実にある私たちの繋がりのエネルギーをこの目に見える形で示してくれています。

あなたのたった1つのアップデートが、家族や世界、この地球へと響き渡り良い渦を巻き起こしていくのです。

エピジェネティクスとは？

後成的遺伝学的変化（エピジェネティクス）と呼ばれる遺伝子に関する情報は、心と体の関係を理解する上でとても重要な考え方です。

エピジェネティクスは、遺伝子の活性を変化させるがＤＮＡ配列自体は変えないメカニズムを研究しています。遺伝子の配列をかえるのではなく、遺伝子の働きのオン、オフに関係する働きを研究しているのです。これらの変化は細胞の機能に影響を及ぼし、健康だけでなく病気の状態にも深く関わっています。

例えば、乳がんの場合、特定の遺伝子が異常に活性化されたり、逆に抑制されたりしてがん細胞の成長や分裂を促進することがあります。エピジェネティクスは、これらの遺伝子の活性化や抑制を正常な状態に戻すことで、がんの成長を抑える治療戦略となり得るのです。ポジティブな思考や感情や経験もエピジェネティックな変化を引き起こす可能性があります。例えば、「瞑想」や「笑うこと」が遺伝子の発現に影響を与えることが示されており、これらの活動がエピジェネティクスを介して健康に良い影響を及ぼす可能性があります。思考や感情により遺伝子のオン、オフに影響を与え、がん細胞を本来の働きに戻せる可能性があるのです。がん細胞を作っている遺伝子をオフにして、健康な修復細胞の遺伝子をオンにすれば、がんが自然治癒力で修復される可能性があるのです。

アンラーベルメソッドはエネルギー療法で遺伝子のオン、オフを行います。

病気と闘うことよりも気づきが大切

よく西洋医学では「闘病」という言葉が使われます。「病気に負けないように頑張る」「絶対に病気に打ち勝つ」といった表現も、「闘う」と同じことを意味します。

このように、病気は憎むべきものとして扱われていますが、本当にそうでしょうか？

症状が現れている部分は、まぎれもなく自分の一部です。

それを敵として闘うこと、治療として攻撃することは、本当に必要なのでしょうか？

病気は自分の魂からの悲鳴であり、自分が自分に向かって発しているメッセージです。

「物事に対する考え方を見直してほしい」

「生き方を変えてほしい」

「もっと自分を大事にしてほしい」

「このままでは大変な目にあうよ」

病気やカラダの症状をこのような魂からのメッセージだと受け止めることができれば、対処の仕方も変わってくるはずです。

自分のカラダに意識を向けてみてください。

どこかに冷えを感じますか?

心臓の鼓動が感じられますか?

首や肩を回すと痛みやこわばりがありますか?

背筋は伸びていますか?

こんなふうにカラダに意識を向けると、気づくことがたくさんあると思います。

カラダは常になんらかのメッセージを送っているのです

近年、がんと診断される方がとても増えています

がんというのは、自分のカラダの中で起こっている変化です。

実は、がんは自分自身が作っているのです。

それを敵対視して闘おうとするのは見当違いもいいところ。

カラダの声を聴いて必要なものを取り入れると、細胞が活性化し、細胞が元気でいられるというのが真実です。

きちんとカラダからメッセージを聴き取り、それを調整すれば、がんはそこにいる必要がなくなります。

そう、がんは魂の声を伝えにきたメッセンジャーでしかないのです。

それを考えたら、がん細胞に「ありがとう」という感謝の気持ちが湧いてきませんか？

アンラーベルメソッドで元気になられた方のお話を聞くと、必ず共通する点があります。

「がんになって初めて、自分の生き方が本来の私からずれていたことがわかりました。がんになってよかったです。がんになってなかったら、こんなことに気がつかなかったかもしれません」

「この不調があったことで、我慢して無理して生きてきたことがわかりました。自分だけでは気づきませんでした」

「やりたいことをやっていたつもりが、実はそれは親が喜ぶことで、本当の私がやりたいことではなかった。それが病気になるまでわかりませんでした」


皆さん、病気やあらゆる不調から気づきを得ていたのです。

アンラーベルメソッドを受けた方々が健康を取り戻したり、精神的に安定したり、人間関係が円滑になったり、仕事や結婚などの望みを叶えたりして、自分らしくイキイキと人生を歩むように変化する姿を見て、カラダの声が導いてくれることに間違いはないと、日々確信を深めています。

事例2 苦手な上司が異動!?

Tさん 女性 40代

長年にわたり原因不明の二の腕の痛みに苦しんでいたTさん。様々な治療法を試してきましたが、なかなか改善の兆しが見えませんでした。そんな中、アンラーベルメソッドのセッションを受けていただきました。セッションの中で、Tさんのカラダは驚くべき真実を明かしました。「現在の職場の環境下でのストレス」「職場の男性」「男性に対する拒絶反応」。これらの一見関連性のないキーワードが、実はTさんの痛みの根源を的確に指し示していたのです。

修復の過程で、さらに驚くべき事実が浮かび上がりました。Tさんの「男性に対する拒絶反応」の原因は、現世の経験だけでなく、なんと過去世にまで遡ったのです。

過去世での父親からの激しい言葉の暴力が、現世でも深い影を落としていたのでした。

その過去世では、Tさんは父親からの言葉の暴力に耐えかね、自殺まで考えるほどの苦しみを味わっていたのです。

この事実を告げると、Tさんは目を見開いて驚きの表情を浮かべながらこう語りました。「信じられません。実は、今の父からも言葉の暴力を受けているんです。父に対して良い感情を持てないでいます」過去世のトラウマが、現世での父親選びにも無意識のうちに影響を与えていたのです。生まれる前から、自らそういった環境を選択していたという事実に、Tさんは言葉を失いました。

過去世とは、現在の自分とは異なる過去の自分の経験を指し、魂は変わらず肉体だけが変わるという考え方が一般的です。

過去世のエネルギー障害や出来事が現在の体に影響を与え、病気や不調、痛みを引き起こすことが多くあります。今の自分ではない過去世の人格というのが、今も生き続いているんですね。その中で過去世で例えば病気になったりとか精神的に病んでいたとか、もしくはエネルギー障害があったりとかするとその過去の自分のエネルギーが響いて現在のカラダに現れるということがあるのです。

そして、カラダはさらなる真実を告げました。職場での男性との関係性が、Tさんの日々のストレスの大きな源となっていたのです。特に、直属の上司との関係は日々のストレスの中心となっており、毎日職場に向かうのが苦痛になるほどでした。また男性の同僚との関係もぎくしゃくしており、職場環境全体が重苦しいものとなっていました。

過去世の深い傷が、現世での男性に対する拒絶反応となり、さらには職場環境にまで大きな影響を与えていたのです。Tさんの無意識が、知らず知らずのうちに現実の厳しい状況を引き寄せていたのでした。過去世と現世がこれほど密接に繋がっているという事実に、Tさんは衝撃を受けていました。

「私は父のことも仕事のことも何一つお話ししていないのに、なぜそこまで詳しくわかるんですか?」とTさんは驚きと戸惑いを隠せない様子でした。カラダからの答えを導き出したこのセッションに、改めて畏敬の念を抱いたようでした。

心とカラダのつながりから状況への解決まで

ここで、もともとの症状である二の腕の痛みの原因が明らかになりました。東洋医学では、腕には大腸の経絡が通っていますが、腕の痛みは大腸の経絡上にあったのです。実は大腸は〝解放、何かを手放す〟という重要な役割を持つ器官なのです。Tさんの二の腕の痛みは、過去の傷や現在のストレスを手放す必要性を、カラダが必死に訴えかけていたのだと理解できました。

セッションで修復を行った後、Tさんは「信じられないほど腕の痛みが軽くなりました」と、晴れやかな表情で喜びを表現しました。長年悩まされていた痛みから解放された瞬間だったのです。

しかし、驚きはそれだけではありませんでした。次回の来訪時、Tさんは興奮した様子で、予想もしなかった展開を報告してくれました。「先生、信じられないことが起きたんです。あの苦手だった上司が突然異動になりました！　まるで魔法のようです。」

ここで強調しておきたいのは、〝アンラーベルメソッド〟魔法の潜在意識ヒーリングは決して上司を異動させるためのものではないということです。私たちは、そのような外的な変化を直接的に引き起こすことはできません。しかし、Tさんの内なるバランスが整い、過去世からのトラウマが解消されたことで、彼女の人生から自然とその上司の存在が離れていったのです。これは、アンラーベルメソッドがもたらす自然な調和の結果なのです。

このように、アンラーベルメソッドは単に症状を改善するだけでなく、人生全体を自然と良い方向へ導いていきます。「現実が本当に変わる」という驚きと喜びの実感が、多くのクライアントを引きつけ、リピートしていただける大きな理由となっているのです。Tさんのケースも、その典型的な例といえるでしょう。

事例3 カルマの関係性を解消し恋人が出現

Iさん 女性 30代

30代のIさんは、長年にわたってパートナーシップの問題に悩まされていました。新しい恋人との出会いも思うようにいかず壁にぶつかり続けていたのです。そんなIさんの悩みを解決するため、私はまずカラダの声に耳を傾けることにしました。

カラダの声を聴いてみると、驚くべき事実が明らかになりました。Iさんは「攻撃者」という注カルマの関係性を持っていたのです。人間は誰しも、対極の関係性のカルマを持っています。例えば、犠牲者のカルマの関係性を持つ人は、軽い言葉の暴力から深刻な身体的・精神的被害をもたらす攻撃者を自分の人生に引き寄せてしまうことがあります。

Iさんの場合は攻撃者のカルマの関係性を持っていたため、必然的にパートナーは犠牲者のカルマを持つ人となってしまいます。この過去世から引き継いだカルマが原因となって、Iさんは現世でパートナーに対して攻撃的な態度を取ってしまっていたのです。

この事実をIさんに伝えると、彼女の表情が変わりました。「そうなんです! なぜかいつも相手が傷つくような言葉が口から出てしまうんです。大好きなのに、相手の顔を見ると怒りが先に出て、けなしたり嫌がることを言ったりしてしまうんです。だからケンカになるし、最終的に嫌われて…。なんでなんだろう、こんなに好きなのに…と思いながら、自分のやることが理解できませんでした。それはすべてカルマだったんですね」

人を攻撃するということは、そこに愛がないということです。当然、相手からも愛されることはありません。このパターンを断ち切るためには、さらに深い原因を探る必要がありました。

カラダの声は続きます。「幼少期に両親から十分な愛をもらえていない。放っておかれることが多く、大事にされたという記憶があまりない。そのため、潜在意識には『私は誰からも愛されない』という信念がある」

これを伝えると、Iさんは突然、大きな声で泣き始めました。何か深い記憶が蘇ってきたようです。しばらくして落ち着いたIさんは、こうつぶやきました。「なんで誰にも話してもいないことまでわかるんでしょうか？　カラダはなんでも知っているんですね」

Iさんの両親は自営業を営んでおり、常に忙しく動き回っていたそうです。子供のことに注意を向ける余裕がなかったのでしょう。子どもの頃、風邪で熱を出しても誰も看病してくれず、一人きりで部屋で寝ていたこと。母親はいつもイライラしながら食事を作り、愚痴ばかり聞かされ、家族団らんとは縁がなかったこと。様々なつらい記憶が蘇ってきたようです。

幼少期の経験は、そのまま潜在意識に刷り込まれます。実は、他の人を愛することができない人は、「自分は愛されている」と十分に信じられない人なのです。私たちは本来、この世界から愛されている存在です。「私は誰からも愛されない」という心の奥深く刻まれた潜在意識の信念を解放するだけで、大いなる愛のエネルギーを受け取ることができるのです。

Iさんのカラダの声を聴いたあと、心の奥深く刻まれた魂の傷を解放し、新しいパートナーができるようにエネルギーフィードを作りました。その1週間後、Iさんから嬉しそうな声で幸せな報告が届きました。なんと、このセッションのわずか1週間後に、素敵なパートナーと出会うことができたそうです。これからはきっと、パートナーを攻撃することはなくなるでしょう。

信念のアップデートで起きる奇跡

ここで知っておいてほしいのは、単に原因がわかっただけでパートナーができたわけではないということです。刷り込まれた信念をアップデートし、無限の愛の周波数に変え、パートナーシップが取れるようにエネルギーフィードを整えたからこそ、このような素晴らしい結果が得られたのです。

これは、本人の理解とは全く関係ありません。頭（意識）で全てを理解していなくても、カラダが問題の解決方法を知っていて、より良い状態へと導いてくれるのです。

ここがアンラーベルメソッドの特徴でもあります。カラダの声を聴き、潜在意識の信念をアップデートすることで、私たちは人生の奇跡的な変化を体験することができるのです。

Iさんの事例は、アンラーベルメソッドの効果を如実に示しています。長年抱えていたパートナーシップの問題が、わずか1週間で劇的に改善されたのです。これは単なる偶然ではありません。カラダの声を聴き、潜在意識に刻まれた信念を解放したことで、Iさんの人生に大きな変化がもたらされたのです。

Iさんの場合、幼少期の愛情不足が「私は誰からも愛されない」という信念を生み出し、愛されたいと心の奥底で願いながらも「攻撃者」としてのカルマによる罪悪感から、愛されることを無意識に恐れる傾向が出ていました。このため、愛情を求める気持ちと、愛を受け取ることへの恐れが同時に存在していたのです。この根本的な原因を特定し、解放することで、健全な人間関係を築く土台が整ったのです。

アンラーベルメソッドの特徴は、問題の表面的な症状ではなく、その根底にある原因に焦点を当てることです。Iさんの場合、カルマの関係性という深層レベルの問題が明らかになりました。カルマの関係性とは、2人の個人が演じることに同意した特定の極性のことです。この合意は通常、魂レベルで行われ、各個人はその極性の片割れを演じます。

注：カルマの関係性は、そのプログラムを含むカルマのマトリックスコードという形で、個人のエネルギーフィールドに現れます。コードの先端には鍵のような特定のエネルギーパターンがあり、このコードには鍵の残り半分を持つ人を探す役割があります。それが見つかると、2本のコードが繋がり、2人の人間が非常に強烈な関係を展開します。このパターンを解消しないと、何度も同じような問題が繰り返されることになります。

アンラーベルメソッドでは、このようなカルマの関係性を解放することで、本来の自分を取り戻し、互いに自由な関係を築くことができるのです。Iさんの場合、攻撃者のカルマの関係性を解放することで、新しいパートナーとの健全な関係を築く準備ができたのです。

この事例が教えてくれるのは、私たちの潜在意識にある信念や過去の経験が、現在の人間関係や人生の質に大きな影響を与えているということです。そして、それらを適切な方法で解放し、アップデートすることで、驚くほど短期間で人生を変えることができるのです。

クライアント自身が意識レベルで全てを理解していなくても、カラダの知恵を活用して問題解決の道筋を見出せることです。Iさんの場合も、カラダの声を聴くことで、彼女自身も気づいていなかった深い問題が明らかになりました。

Iさんの事例は、アンラーベルメソッドの可能性を明確に示しています。長年の問題が短期間で解決され、新たな幸せな関係が始まったのです。この方法は、私たちが本来持っている自己治癒力と宇宙の無限の愛のエネルギーを活用することで、真の変容と癒しをもたらすのです。

事例4 逆子が自然に正常な位置に戻る Sさん 女性 30代

Sさんは、妊娠後期に入り、定期検診で逆子と診断されました。出産予定日が近づくにつれ、自然分娩ができるかどうかの不安が日に日に大きくなっていきました。

様々な方法―体操、お灸、逆子体操など―を試してみましたが、なかなか正常な位置に戻らず、深く悩んでいました。帝王切開も視野に入れざるを得ない状況に、Ｓさんの不安は頂点に達していました。

そんな中、知人の紹介で私のサロンを訪れたＳさんは、疲れと不安の入り混じった表情を浮かべていました。「もう何をしても赤ちゃんが動いてくれないんです」と、涙ぐみながら語るＳさんの姿が印象的でした。

セッションでは、まずＳさんとお腹の赤ちゃんのインヘレントコード（内在する叡智）に繋がり、状況を詳しく探りました。すると、驚くべき事実が明らかになりました。骨盤周りの過度の緊張が原因で幅が狭くなり、赤ちゃんが動きにくくなっていたのです。さらに、お腹の血流も悪く、赤ちゃんは居心地の悪さを感じていました。

Ｓさんの潜在意識をさらに深く探ると、初めての妊娠に対する強い不安と恐れが、この身体的な緊張を引き起こしていることがわかりました。高齢出産であることも、

Sさんの不安を増幅させる要因となっていました。

そして、驚くべきことに、赤ちゃんからの明確なメッセージを受け取ることができました。「ママは心配ばかりしてるの！　高齢出産だから大丈夫かなとか、五体満足に生まれるかな、とか。私は元気だから大丈夫だとママに伝えて。ママの気持ちが落ち着けば、私も動きやすくなるの」

このメッセージをSさんに伝えると、彼女は驚きと共に涙を流し始めました。「実は、毎日毎日そのことばかり考えています。何でわかったんでしょうか？　まるで赤ちゃんと話しているみたいです」

さらに深く潜在意識を探っていくと、Sさんの幼少期の経験が現在の不安と密接に結びついていることが明らかになりました。Sさんの両親は離婚しており祖父母に預けられることも多く、子供時代に十分な愛情や注目を受けられなかったのです。この経験が、「自分は価値がない」「自分は十分でない」という潜在意識の信念を形成し、それが現在の妊娠や出産に対する不安として表れていたのです。

これらの発見を元に、セッションではSさんの精神面のサポートと共に、エネルギー調整を行いました。まず、Sさんの潜在意識に刻まれた否定的な信念を解放し、「私はありのままで十分である」「私は価値ある存在です」という新しい肯定的な信念に置き換えていきました。

同時に、骨盤周りの緊張を緩めるように心身複合体を調和へと導き、カラダを柔軟でリラックスした状態に促しました。Sさんのカラダが徐々に緩んでいくのが感じられ、表情も穏やかになっていきました。

そして、再び赤ちゃんと繋がり、正しい向きになるための動き方を3D映像で教えてもらいました。赤ちゃんは具体的な動きの方向と角度を示してくれ、それに基づいてカラダが最適な状態へと変わるようにバランスしました。

すると、驚くべき瞬間が訪れました。エネルギー調整を行っている最中、Sさんが突然「わあ！　動いた～」と歓声を上げたのです。「赤ちゃんが大きく動いて、正しい向きに戻った感じがします！」とSさんは喜びと驚きの表情を見せました。

セッション後、Sさんはこれまでにない穏やかさと安心感があると語ってくれました。「赤ちゃんと繋がれた気がして、なんだかすごく幸せです。もう不安はありません」

後日、病院で確認したところ、逆子が見事に正常な位置に戻っていたそうです。医師も驚くほどの変化に、Sさんは心から安堵したと報告してくれました。その後、無事に自然分娩で健康な赤ちゃんを出産することができたのです。

このケースは、インヘレントコードに繋がることで、驚くべき変化が起こり得ることを如実に示しています。単なる身体的な問題だと思われていたことが、実は深い心理的要因や潜在意識の信念と結びついていたのです。アンラーベルメソッドは、こうした根本的な原因にアプローチすることで、真の癒しと変容をもたらすのです。

事例5 〝できない〟社員から表彰社員に Bさん 女性 40代

Bさんは、仕事に対して前向きな姿勢を持つことができず、日々のストレスに悩まされていました。どんなに努力しても適切な評価を得られず、自分の存在価値に疑問を感じる日々が続いていたのです。なぜ自分の頑張りが報われないのか、どうすれば状況を変えられるのか、という疑問に長年悩み続けていました。

自己否定の信念の裏にあるもの

アンラーベルメソッドのセッションでBさんの潜在意識にアクセスすると、驚くべき事実が明らかになりました。Bさんの深層心理には、「今の自分では十分ではない」

「評価される価値がない」「私には成功する資格がない」といった自己否定的な信念が根深く刻み込まれていたのです。

これらの信念は、Bさんの幼少期に形成されたものでした。子供時代の些細な出来事や周囲の大人からの何気ない一言が、Bさんの心に深い傷を残し、それが無条件に「真実」として刻み込まれていたのです。子供の頃の私たちは、周囲の環境や大人たちの言動を鵜呑みにしてしまいます。その結果、自分自身の価値を正しく認識できなくなってしまうことがあるのです。

さらに掘り下げて行くと、Bさんの潜在意識には「私は望んでいるものを手に入れることはできない」「自分の本当の声を表現してはいけない」「成功すると周りから嫌われるかもしれない」といった信念も存在していることがわかりました。

これらの信念は、Bさんの人生におけるさまざまな選択や行動に影響を与えていました。自分の意見を率直に表現することを恐れ、周囲の期待に応えようとするあまり、本来の自分らしさを失っていたのです。

驚くべきことに、これらの信念はBさんのカラダにも明確な影響を及ぼしていました。カラダは私たちの内なる状態を映し出す鏡のようなものです。Bさんの場合、頸椎6番に過度な負担と重圧が集中していました。これは、人生を軽やかに生きられないという信念が、物理的な負担となって現れていたのです。

また、胸椎12番には、信じる力の喪失と、人生の喜びを受け取る選択をしていないことが表れていました。脊椎はカラダ全体のホログラムとも言えるもので、精神的な負荷がそのまま反映されるのです。Bさんのカラダは、精神的にも肉体的にも大きな疲労にさらされ、それが仕事のパフォーマンスにも影響を与えていたのです。

アンラーベルメソッドでは、これらのネガティブな信念を直接探し出し、一掃してバランスを整えました。潜在意識に深く刻まれた信念は、自分自身で気づくことが難しく、ただ認識するだけでは解決に至りません。そこで、Bさんの潜在意識に直接アクセスし、ネガティブな信念を解放し、新しい前向きな信念に置き換えていったのです。

その結果、Bさんに驚くべき変化が訪れました。まず、内面的な変化として、自己肯定感が高まり、自分の価値を認識できるようになりました。それに伴い、仕事に対する姿勢も変わり、自信を持って意見を述べられるようになったのです。

外面的な変化も現れました。評価されなかった上司の元を離れ、新しい上司の元に配属されたBさんは、自分の能力を十分に発揮できるようになりました。地道な努力が高く評価され、周囲からの信頼も得ることができました。そして驚くべきことに、ついに社内で名誉ある賞を受賞するまでになったのです。

Bさんは後日、次のような感想を寄せてくれました。「私は常々人よりも努力しないとダメだと感じていました。それに、要領の良い人を羨ましく思うこともありました。でも、私なりにコツコツと取り組んできた結果、自分のやり方が正しかったことが証明され、その喜びは一層深いものになりました。アンラーベルメソッドのおかげで、自分自身を信じる力を取り戻せたんです。今では、毎日が新しい発見と成長の連続です。」

Bさんを通して潜在意識に刻まれた自己否定的な信念が、いかに私たちの人生に大きな影響を与えているかを如実に知ることができます。アンラーベルメソッドを通じて、これらの制限的な信念を解放し、本来の自分の価値を認識することで、人生は劇的に変化する可能性があるのです。

事例6 重症の脳出血から奇跡の回復

Eさん 女性 80代

86歳のEさんは、脳出血の後遺症により、右半身麻痺、失語症、そして嚥下障害を抱え、鼻から管を通じて栄養を摂取していました。セッションの直前には、嘔吐が続き、鼻からの栄養摂取が困難となり、点滴による治療が行われていました。

私はEさんのインヘレントコードにアクセスし、彼女の潜在意識が求める本質的なバランスを探りました。

その結果、以下の調整が必要であることが明らかになりました。


「呼吸と骨盤の連動の再調和」

Eさんの骨盤と呼吸の連携が乱れ、深い呼吸が妨げられていました。私は、生命の源である呼吸を本来の深さへと導くため、骨盤と呼吸の調和を促しました。

この調整によって、生命力が再び体内に流れ込む道が開かれました。


「死に対する信念の解放と再構築」

潜在意識の中に「死は逃避の手段である」という強い信念が見受けられました。

この制限的な信念を解放し、命への新たな意識と喜びを目覚めさせるためにEさんのハートに宿る内なる智慧と愛、そして力を活性化しました。彼女の魂に、さらなる成長と進化のためのエネルギーを注ぎ、人生に対する新たな情熱を蘇らせるサポートを行いました。

「胸腺の覚醒と活性化」

胸腺は身体の免疫システムの中枢として、生命力を支える重要な器官です。

私は胸腺を活性化させ、Eさんの体内でエネルギーが再び流れ、生命力が強化されるための調整を施しました。

「不安と脊椎のエネルギー障害の修復」

Eさんの中には、変化への恐れや不安が根深く残っていました。

これらの感情を解放し、脊椎全体と自律神経のエネルギー障害を整えることで、身体と心の安定感を取り戻すサポートを行いました。

「アーユルヴェーダの知恵によるカパの調整」

アーユルヴェーダの知識に基づき、Eさんのカパのエネルギーを調整し、精神と神経系の安定を図りました。これにより、内なる平和と安定感が再び体内に広がりました。調和のとれた意識状態でいれば、細胞も、臓器も、肉体も調和のとれた状態を保つことができます。

「魂の次元での浄化と進化のサポート」

Eさんの魂は、霊的な干渉を受けていました。私はこれを浄化し、魂が次の進化の段階に進むためのエネルギー調整を行い、不要な執着から解放されるプロセスを促進しました。彼女の魂が自由に新たな次元へと進化できるようサポートを行いました。

こうした調整が施されることで、Eさんのカラダは自然と自己修復を開始し、エネルギーの流れがスムーズに整い始めました。

その後、奇跡とも言える変化が訪れました。セッション前には「ありがとう」とかろうじて発声できる状態だったEさんが、セッション当日に家族との会話で、はっきりと「ありがとう」と言葉を発することができたのです。また、肌の艶が良くなり、麻痺していた右手の指も少し動き始め、さらに右半身のむくみも消えていました。

さらに、2週間後には、Eさんの娘さんが面会した際、彼女は以前よりもさらに力強い声で会話できるまでに回復していました。そしてその1週間後には、脳出血で倒れる直前の出来事まで鮮明に思い出し、詳細に語ることができるようになっていたのです。

この報告を受けたとき、私自身も深い感動を覚えました。医療的には回復が難しいとされていた麻痺や失語症が、彼女自身の身体の力によって癒されていく様子を目の当たりにし、カラダはその本質において「治る方法を知っている」ことを改めて強く実感しました。

大切な事は、問題の本質が存在しているレベルに働きかけることであって、物理レベルに問題があるのに、別のレベルに働きかけても仕方がないのです。問題の本質がどのレベルにあるかを正確に知り、拾い上げ、優先度を判断することです。もしカウンセリングだけでそういった情報をきれいに整理にしようとすれば、とても長い時間がかかりますし、レベルの特定は難しい作業でもあります。それをパッと簡単に教えてくれるのが、〝アンラーベルメソッド〟魔法の潜在意識ヒーリングなのです。

アンラーベルメソッドがアクセスするのは偉大な宇宙であり、深遠かつ膨大な智慧の在り処（ありか）です。このメソッドにサポートしてもらうことで、自分の限られた知識や理解を超えたことを可能にしてもらっているのです。

今後もセッションを続けることで、Eさんのさらなる回復が期待されます。これからの変化がとても楽しみです。

事例7 被害者意識を手放す

建設会社代表取締役Gさん 男性 30代

Gさんは6年前から突然、体調不良や自律神経失調症、突発性不安症を経験し、人と接することが億劫になり、うまくコミュニケーションが取れなくなっていました。仕事の受注が減少し、次の仕事が入るかどうか常に不安がつきまとっていました。Gさんの潜在意識にアクセスして、何が原因でこのような状況が引き起こされているのかを探ってみると、過去世において「自分は罪を犯していないにも関わらず、犯人にされてしまった」という強烈な記憶が今世にも引き継がれていることがわかりました。この記憶は、人への恐れや不信感、そしてコミュニケーションがうまく取れないという問題へと繋がっていたのです。また、Gさんは他人の視線に非常に敏感で、常に恐怖心や逃避の反応を抱えていました。この持続的なストレスが副腎に大きな負荷を与え、Gさんの実年齢が38歳であるにも関わらず、副腎の体内年齢は72歳にまで達していたのです。ここから明らかになったのは、Gさんが「被害者意識」を抱えて生きているということでした。

『被害者意識の影響』

多くの人が、人生が自分以外の何かによって左右されていると感じています。上司や同僚、家庭環境、社会制度、運や偶然といった外的要因が、自分の人生を決定づけていると信じているのです。このような思考は「被害者意識」と呼ばれ、自分の人生に対して主体的な立場を放棄してしまうものです。「いくら努力しても業績が伸びないのは、担当エリアが悪いからだ」「自分が出世できないのは、他人が不正をしているからだ」「経済的に苦しいのは、政治が悪いからだ」こうした考え方は、人生に起こる問題の責任を他者や環境に転嫁し、自分自身が人生を創り出す力を持っていることを認めたくない心の表れです。Gさんもまた、無意識に自らの人生のコントロールを手放し、外部に力を与えることで、心の平和を失っていたのです。人生を変えたいと本気で望むならば、まずは「被害者意識」を手放し、自分の人生の責任を100%引き受けるという決断が必要です。「自分の人生の責任者は自分であり、他人や外的要因に期待することなく、望む結果を自ら創り出す」という覚悟が求められます。自分の力で現実を変えると決めた瞬間、潜在意識はその決意に応じて無限の力を引き出してくれます。しかし、他人に責任を押し付けている間は、潜在意識はあなたの味方にはなりません。むしろ、判断力や集中力、決断力を奪い、人生を前進させる力を抑制してしまうのです。潜在意識は、あなたがどれほど本気で自分の人生を変えたいと思っているかを見極めています。本気になったとき、潜在意識は必要な力をすべて与え、あなたを成功へと導いてくれるのです。

『アンラーベルメソッドの力』会社の業績が右肩上がりへと

アンラーベルメソッドは、潜在意識の力を本人の理解を超えたレベルで自動的にアップデートし、人生の主導権を取り戻すことを可能にしてくれます。これは、一般的なコーチングやカウンセリングとは異なり、潜在意識そのものに直接働きかけるため、瞬時に変化が起こるのです。Gさんは、アンラーベルメソッドのセッションを定期的に受けることで、次第に自身の可能性を最大限に発揮し始めました。その結果、彼の会社は驚くほどの成長を遂げました。当初は4000万円弱しかなかった売り上げは、対前年度比で1500万円増加、さらに翌年には2000万円増加、そしてその次の年には再び2000万円増加しました。そして今では、向こう半年の受注で手一杯の状況となり、売り上げは総合計5500万円以上増加しています。今期はさらなる飛躍を遂げ、1億2000~4000万円の売り上げが見込まれており、その成果に税理士からも『社長、一体どのような施策を講じられたのですか?』と驚嘆の声が寄せられているとのことです。またセッションを重ねるごとに、恐れや不信感、コミュニケーションの障壁、体調不良といった問題が、不思議と自然に解消され、気づけば心と身体がより軽やかになっていると実感されています。さらに驚くべきことに、取引先の銀行員の態度も一変しました。これまで見向きもしなかった銀行が、Gさんの会社に取引を求めて頭を下げるようになったのです。地元の銀行がそのような態度を見せるのは、一流企業に対してのみ行うことであり、これはGさんの会社がいかに大きな成功を収めたかを示しています。

人生において何が起こっても、自らが責任者としての立場を取る時、潜在意識はあなたの強力な味方となり、持っている能力を最大限に発揮させてくれます。アンラーベルメソッドは、その力を引き出し、あなたが本来の人生の主導権を取り戻すための鍵となるのです。

いつからでも、何歳からでもやり直すことができ、可能性はたくさんあります。そこを止めている原因や現象をカラダから教えてもらい、自分自身で修正して変化していくことが可能なセッションなのです。

事例8

2週間続く下血が施術翌日に奇跡的に消失

Hさん　男性　40代

私の長年の知人であるHさんは、エネルギー療法や目に見えない領域の施術に対して強い懐疑心を抱いていました。彼は常々、私の仕事を非科学的としてその効果を全面的に否定していました。そんな彼が、ある日突然、助けを求めて私の元を訪れたのです。

「2週間も下血が止まらないんだ」と、Hさんは苦悩の表情で打ち明けました。その深刻さに、私はすぐに病院での検査を勧めましたが、Hさんは頑なに拒否しました。彼の家族にはがん患者が多く、自身もがんではないかという恐怖が、医療機関への受診を妨げていたのです。

「どうするつもり?」と尋ねると、Hさんは躊躇いながらも「君のセッションを受けてみたい」と答えました。普段なら一笑に付すはずの私の施術を、彼が真剣に求めてきたことに、私は驚きと使命感を覚えました。

セッションでは、Hさんのカラダに直接問いかけました。すると、驚くべき事実が次々と明らかになりました。

Hさんは過酷な締め切りに追われる毎日を送り、心身ともに極限状態でした。さらに、食事を十分に咀嚼せずに飲み込む習慣が、深刻な消化器系の問題を引き起こしていました。

心の奥深くに刻まれた傷

最も衝撃的だったのは、8年前に起きた出来事でした。32歳の時、Hさんの不倫が妻に発覚し、その直後、妻ががんと診断されたのです。この二重の衝撃は、Hさんの心に深い傷を残しました。そして35歳の時、妻はがんで亡くなり、Hさんの罪悪感と後悔は計り知れないものとなりました。

カラダは、この長年抱え込んできた痛みと罪の意識を、赤裸々に語り始めたのです。この強烈な感情的負荷が、大腸の炎症と出血という形で表出していたのでした。

アンラーベルメソッドでは、大腸の症状は往々にして、強い執着や手放せない感情と関連していると考えます。Hさんの場合、妻への罪悪感と自己否定が、文字通り彼を蝕んでいたのです。

私は、Hさんのカラダから浮かび上がったこれらの問題に対して、総合的な癒しのプロセスを施しました。心理的なことからくるエネルギー障害を整え、トラウマを解放し、自己許容を促すワークを行いました。

そして驚くべきことに、セッションの翌日、Hさんから興奮気味の電話がありました。「信じられないかもしれないが、下血が完全に止まった」と、彼は声を震わせて報告してくれたのです。

Hさんは、まるで夢から覚めたかのような表情で、「本当に治ったのか…」と何度も繰り返しました。長年抱えていた罪悪感と心の重荷が消え去り、彼の顔には久しぶりの晴れやかな笑顔が浮かんでいました。

この経験を通じて、Hさんはアンラーベルメソッドの効果を身をもって体験し、彼の世界観は大きく変わりました。「君の仕事を否定してごめん。本当にありがとう」という彼の言葉に、私は深い感動を覚えました。

カラダの持つ力は、まさに驚異的です。不調の根本的な原因も、そしてその改善方法も、実はカラダが全て知っているのです。アンラーベルメソッドは、このカラダの叡智に直接アクセスし、真の癒しをもたらすのです。Hさんの劇的な回復は、この手法の可能性を如実に示す、印象的な事例となりました。

事例9

術後の顔の腫れが瞬く間に解消

Nさん 女性 50代

「歯の手術でインプラントを埋め込んだら、腫れが10日も引かなくなって…」と、暗い表情で語り始めたNさん。彼女の顔を見ると、確かにいつもより明らかに膨れ上がっているように見えました。

Nさんは担当の歯科医に「腫れが続いている」と電話で訴えたそうですが、「本当に腫れているの？　今腫れていても4日で治まりますよ」と言われ、納得できない思いを抱えていました。さらに歯科医は「その腫れ、ほかの人が見てもわかりますか？」と畳みかけ、まるでNさんが思い込みで神経質になっているかのような対応をしたといいます。

医療専門家からさえ理解を得られず、Nさんは途方に暮れていました。彼女の悩みは単なる美容上の問題ではなく、日常生活にも支障をきたすほどの深刻なものでした。食事も会話も困難を極め、仕事にも影響が出始めていたのです。

アンラーベルメソッドのセッションで、私はインヘレントコードに直接問いかけました。痛みがないことから炎症ではないと思われましたが、インヘレントコードから返ってきた答えは驚くべきものでした。

「手術した箇所にアレルギー反応が起きている」という情報が明確に伝わってきたのです。さらに詳しく探ると、そのアレルギーの原因は埋め込まれたインプラント自体ではなく、手術で使用された器具だったことが判明しました。Nさんの身体が、その器具に含まれる何らかの成分に過敏に反応し、腫れを引き起こしていたのです。

しかし、それだけではありませんでした。使用された麻酔薬の一部が体内に毒素として残留していることも明らかになりました。通常、麻酔薬は代謝されて体外に排出されますが、Nさんの場合、肝臓機能の低下でこのプロセスが正常に機能していなかったのです。

これら複数の要因が重なり、Nさんの体にアンバランスな影響を与え、長引く腫れを引き起こしていたのでした。現代医学の観点からは見過ごされがちな、こうした複合的な要因を、アンラーベルメソッドは明確に捉えることができるのです。

セッションでは、これらすべての原因で起きたエネルギー障害の調整を行いました。アレルギー反応を引き起こしている物質の無害化、残留している麻酔薬の解毒と排出の促進、そして全身のエネルギーの流れの正常化を図りました。

驚くべきことに、その後のNさんからの報告によると、セッション当日のうちに腫れが半分も引き、さらに翌々日には嘘のように顔が元の状態に戻ったそうです。Nさんは喜びと驚きの声を上げ、「まるで魔法のようです。やっと普通の生活に戻れそうです」と語ってくれました。

この事例は、現代医学では見逃されがちな問題に対して、アンラーベルメソッドがいかに効果的にアプローチできるかを示しています。カラダの声に耳を傾け、エネルギーレベルでバランスを整えることで、驚くべき速さで回復が促進されるのです。

Nさんのような、自分では対処法がわからず困り果てているクライアントが、私のサロンを訪れることは少なくありません。アンラーベルメソッドは、そうした方々に新たな希望と解決策を提供し続けています。この手法は、より多くの人々の健康と幸福に貢献できるものであることを確認できるのです。

事例10

〝宇宙人〟に取り憑かれる理由

Cさん 40代 女性

アンラーベルメソッドの施術を行っていると、時として予想外の展開に遭遇することがあります。クライアントのCさんのケースは、まさにそんな驚きに満ちた事例でした。

Cさんは、これまで数回私のセッションを受けたことのある常連のクライアントでした。彼女は通常、穏やかで前向きな性格の持ち主で、特に目立った問題もなく、定期的なメンテナンスのために来院していました。

ところが、ある日のセッションで、私はCさんのカラダから予想外の情報を受け取りました。「〝宇宙人〟が憑いているから、まずバランスを取る必要がある」というメッセージでした。これは非常に珍しいケースで、私も一瞬戸惑いを覚えました。

通常、霊的な存在や〝宇宙人〟のようなエネルギー体が憑いている場合、それらを取り除かないとセッションに支障をきたす可能性があります。そのため、まずはそれらのエネルギーをバランスさせる必要があるのです。

しかし、Cさんの場合、これまでのセッションでそのような兆候は一切見られませんでした。「なぜ今になって〝宇宙人〟が?」という疑問が浮かびましたが、カラダの声を信じ、何度確認しても同じ答えが返ってきたので、この情報を無視することはできませんでした。

慎重に言葉を選びながら、私はCさんに尋ねました。「Cさん、あなたのカラダから〝宇宙人〟が憑いているという情報が出てきたのですが、何か心当たりはありますか？」

この質問に対するCさんの反応は、予想外のものでした。彼女は少し興奮した様子で答えました。「実は最近、〝宇宙人〟の霊氣を受けたんです！」

ここで私は、Cさんの誤解を解く必要があると感じました。霊氣は宇宙の根源的な生命エネルギーと繋がる癒しの手法であり、〝宇宙人〟とは本来無関係です。そこで私は、できるだけ穏やかに説明しました。

「Cさん、霊氣は宇宙の根源の光のエネルギーと繋がるものです。〝宇宙人〟というのは、それとは別のエネルギー体のことを指しています。霊氣の本質と、今あなたに憑いている〝宇宙人〟のエネルギーは区別した方がいいかもしれません。」

Cさんは少し困惑した様子でしたが、私の説明を聞いて納得してくれました。そして、彼女の承諾を得て、〝宇宙人〟のエネルギーをバランスする作業を行いました。

セッション後、Cさんは複雑な表情を浮かべていました。「バランスしてもらったら、〝宇宙人〟のエネルギーを使えなくなってしまいました……」と、少し落胆した様子で語りました。彼女にとって、その〝宇宙人〟のエネルギーは特別なものだったのでしょう。自分が良いと信じて選んだものが、私の施術によって取り除かれてしまったことにショックを受けていたのです。

しかし、その後のCさんの変化は驚くべきものでした。彼女は自宅で静かに内省の時間を持ち、自分の経験を振り返ったそうです。そして、次のような気づきを得たと報告してくれました。

「他のサロンで〝宇宙人〟のエネルギーを受け取ってから、確かに特別な力を感じることはありました。でも、そのエネルギーを使って治しても、またすぐに戻ってしまうところを見て、なぜだろう？　と考えました」

Cさんは続けて、アンラーベルメソッドを受けた後の変化について語ってくれました。「今回のセッションで〝宇宙人〟のエネルギーを取り除いてもらって、むしろ良かったと思います。あやうく、危ない世界に足を踏み入れるところでした。」

この経験を通じて、Cさんは重要な教訓を学んだようでした。表面的な力や特別な能力を求めるのではなく、自分の内なる力に目を向けることの大切さに気づいたのです。アンラーベルメソッドは、彼女の中にある本来の力を引き出し、真の癒しと成長をもたらしたのでした。

インヘレントコードは、宇宙人にインプラントなどの装置をつけられたことなどもわかっていて、それを解除する方法も導いてくれるのです。インヘレントコードは、常に私たちの最善を知っているのです。

この事例は、私にとっても大きな学びとなりました。時に、クライアントが「良い」と信じているものが、実は彼らの成長を妨げている可能性があること。そして、アンラーベルメソッドが、そうした誤った信念や不要なエネルギーを取り除き、本来の自己との再結合を促す力を持っていることを、改めて実感しました。

Cさんのケースは、私たちが求めるべきは外部からの特別な力ではなく、自分自身の内なる力であることを教えてくれる、貴重な事例となりました。アンラーベルメソッドは、まさにその内なる力を引き出し、活性化させる手法なのです。

事例11 会社の危機は「引きこもっていたい!が原因!?」

Fさん 男性 50代

Fさんは、私のクライアントで、現在がん治療中の女性のご主人です。ある日、奥様のセッションに同席された際、私が行うヒーリングに対して「そんなことまでわかるんですね?」と驚かれ、数日後にはご自身もセッションを受けたいと申し出られました。

Fさんの悩みは「夜中に何度も目が覚めること」と「夜中にうなされること」。若い頃にうつ病を経験され、月に一度ほど同様の症状が現れるものの、深刻に捉えていない様子でした。しかし、インヘレントコードに問いかけることで、その背後に隠れた真の課題が見えてきました。セッションが始まると、Fさんのカラダはすぐに「過度な心配」と「考えすぎ」という課題を教えてくれました。さらに掘り下げると、「豊かさへの恐れ」と「方向性の変化に対する恐れ」という根深い信念が浮かび上がりました。

何か思いあたりますか？　と伝えると、Fさんは深くため息をつき、「実は、仕事のことで完全に身動きが取れなくなっているんです」と打ち明けてくれました。彼が自営であることは知っていましたが、具体的な経営状態までは聞いていませんでした。

「方向転換しなければならないのですが、どうしても動けないんです」と苦しげに語るFさんに、私は「その方向性の変化に対する恐れが、あなた自身にブレーキをかけています」と伝え、そのブレーキを解除しました。すると、彼の体は瞬時に緩み、深いリラックス状態に入りました。

セッションを続ける中で、Fさんの深層意識に「引きこもりたい」という信念があることが分かりました。これは過去の経験から作り上げた防衛本能であり、彼のチャクラである太陽神経叢を閉ざし、前に進む力を奪っていました。さらに、副腎には長年のストレスが蓄積し、体のエネルギーが弱まっていました。

「引きこもりたい」という信念が、彼を「犠牲的な状況や人間関係での不満、失望、裏切り行為を引き起こし、身動きのとれない状態にしています」と伝えると、Fさんは驚きつつも、初めて自社の経営状況を話し始めました。

「人間関係のトラブルで商業施設の運営がうまくいかなくなり、撤退に追い込まれ、その影響で自社も赤字続きで、どうしようもない状態なんです」と、これまで誰にも言えなかった苦しみを打ち明けてくれました。

彼が新しい挑戦や変化に対する恐れを抱え、自分の行動を制約していたことが明らかになりましたが、それは彼自身が作り出した制約でした。この「引きこもりたい」という信念を丁寧に解放することで、Ｆさんは新たな行動を再び起こすことができるようになるでしょう。

2回目のセッションでは、抑制されていた行動の裏に潜む恐怖を解放し、仕事の発展を妨げていたネガティブな信念を次々と解放し、グラウンディングされ、安定した安心感の中で新たな道を築く準備を整えました。

非常に興味深かったのは、「お父さんがしてきたこと以外に挑戦するのは危険だ」という深い信念が浮かび上がったことです。この信念は、新しい道を歩むことを避け、同じパターンを繰り返すことで人生に対して防御的な姿勢を取っている状況を表していました。この信念とその背後にある意識を丁寧に解放していきました。

なぜここで「お父さん」という存在が浮かび上がったのか不思議に思い、Fさんに尋ねたところ、驚くことに彼の事業は、祖父の代から続く老舗の家業であることが明らかになったのです。

さらに、インへレントコードは、今後のビジネス発展に必要なアイデアを示してくれました。新しい店舗の場所、ビジネスの方向性、宣伝方法、商品選定など、すべてが具体的に明らかになったのです。

あらゆる事象は、現実として起こる前に、その出来事を形作るエネルギーの雛形が存在しています。すべての出来事は、発現する前にすでにエネルギーの次元でその基盤が作られているのです。

セッションでは、そのエネルギーの雛形が示されましたが、まるでSFのように感じるかもしれませんが、これは現実です。このメソッドがあれば、そんなこともできるようになるのです。

この事例のように、インヘレントコード（内在する叡智）は、過去の書き換えや未来の先取り、口に出していない悩みさえも的確に読み取り、最も必要なメッセージを伝えてくれます。言葉にしなくても、解決の道筋を示してくれるその力には、毎回驚かされます。

Ｆさんも、まさか長年の仕事の問題が身体からのアプローチで解決するとは思っていなかったでしょう。しかし、カラダの叡智はすべてを知り、見えないものまで把握しているのです。

数日後、Ｆさんから感謝のメッセージが届きました。

「セッション中、自分を縛っていたものが薄紙を剥がすように解けていく感覚があり、体がリラックスし、温かさが広がって安心感に包まれました。首の力も抜け、仕事も少しずつ動き始めました。妻のセッションに付き添って来ていたことが、まさか自分の人生を変えるきっかけになるとは思っていませんでした。本当に感謝しています」

私も、この変容の瞬間に立ち合えたことに、深い感謝と喜びを感じています。

事例12 祖先から受け継がれてきた行動パターンを解除

Mさん 女性 50代

人生には時として、カラダが突然の異変を起こすことがあります。Mさんの場合、それは激しいめまいという形で現れました。ある日突然、立ち上がることさえ困難なほどの激しいめまいに襲われたのです。

現代医学の力を借りようと、Mさんは病院で診察を受けました。しかし、様々な検査を行っても、めまいの明確な原因は特定できませんでした。医師からは「ストレスが原因かもしれません」と言われましたが、それだけでは納得できず、困惑したMさんは最後の望みを託すように私のサロンを訪れたのです。

アンラーベルメソッドのセッションでは、まずMさんのインヘレントコード（内在する叡智）に直接アクセスし、問いかけます。すると、驚くべき事実が明らかになりました。Mさんの現在の家庭環境が深刻なストレスの源となっており、そこから逃れるための無意識の手段として、このめまいという症状を自ら生み出していたのです。

「Mさん、今の家庭環境に、逃げ出したいほどのストレスを感じていませんか？」と私が尋ねると、Mさんは驚きの表情を浮かべながら答えました。

「実は…姉が私の家に居候していて、毎朝のように具合が悪いと言い続けているんです。それが数カ月も続いていて…」

Mさんの声には疲れと諦めが混じっていました。彼女は姉の面倒を見ることに心身ともに疲弊していたのです。しかし、姉に「出ていってほしい」と直接言うことはできず、その代わりに無意識のうちに自分の体調を悪化させることで、この困難な状況から逃れようとしていたのでした。

興味深いことに、Mさんが体調を崩したことで、状況に思わぬ変化が生じました。姉がMさんを気遣うようになり、自分の体調不良についての訴えを控えるようになったのです。これは、Mさんの無意識の戦略が一定の効果を上げたことを示しています。

しかし、この「具合を悪くすることで困難な状況から逃れる」という行動パターンは、実はMさんだけのものではありませんでした。潜在意識を深く探っていくと、これがMさんの母方の家系に代々受け継がれてきた対処法であることが明らかになったのです。

このような世代を超えて受け継がれる行動パターンや信念は、私たちの日常生活に大きな影響を与えています。多くの場合、私たちはその存在すら気づいていません。

しかし、これらのパターンは無自覚のうちに私たちの行動や感情を支配し、時として健康や人間関係に深刻な影響を及ぼすのです。

潜在意識には、私たちが人生を歩むために必要な膨大な情報が蓄積されています。しかし、その中には不要なネガティブな記憶も含まれています。過去のトラウマや強烈な感情体験は、表面的には忘れられていても、潜在意識に深く刻まれ、私たちの行動や思考を見えない形で制御し続けるのです。

さらに驚くべきことに、これらの記憶や行動パターンは、DNAを通じて世代を超えて受け継がれることがあります。つまり、私たちが直面している課題の中には、実は祖先から引き継いだ未解決の問題である可能性があるのです。

Mさんのケースでも、彼女の中に「自分の存在価値を感じるためには、自己を犠牲にしてでも家族の面倒を見なければならない」という深い信念が隠されていました。この信念が潜在意識の中に存在することで、Mさんは無意識のうちにこの困難な状況を引き寄せ、そしてそれを身体症状という形で表現していたのです。

アンラーベルメソッドでは、このような潜在意識レベルの問題に直接アプローチします。Mさんの場合、まずはこの世代を超えて受け継がれてきたネガティブな信念や行動パターンを特定し、それらを解放していく作業を行いました。

その結果、驚くべきことが起こりました。たった1回のセッションで、Mさんのめまいは翌日には完全に消失したのです。これは、カラダそのものに何の物理的治療も施していないにもかかわらず起こった変化でした。

この劇的な回復は、人間が持つ潜在的な自己治癒力の素晴らしさを物語っています。私たちは無意識のうちに自己を病気に追い込むこともできれば、同様に癒すこともできるのです。

Mさんのケースはさらなる展開を見せました。セッション後、彼女の家庭環境にも変化が起こったのです。姉は自発的にアパートを借り、Mさんの家を出ることを決めたのです。これにより、Mさんの家庭には再び平穏な日常が戻ってきました。

Mさんは後日、この経験について次のように語ってくれました。

「この病気を通して、周りの人との関係性が変わっていきました。それはとても貴重な体験でした。自分の中にあった問題に気づき、それを手放すことで、周りの状況も自然と変わっていったんです」

このケースは、私たちの抱える問題―お金、仕事、人間関係、体調など―の背後には、常に潜在意識に根ざした原因があることを示しています。潜在意識にあるネガティブな信念が更新されることで、現実世界もまた変化し、本人だけでなく周囲の人々にもポジティブな影響をもたらすのです。

私たちが「病気」と呼んでいるものの多くは、実は私たち自身が無意識のうちに創造しているものかもしれません。カラダは、私たちの内なる心や信念を映し出す鏡であり、どんな問題も潜在意識に根ざしているのです。カラダは常に私たちにメッセージを送り、私たちの思考や言葉に反応しています。

だからこそ、表面的な治療だけでは真の解決には至りません。潜在意識に働きかけ根本的な原因を解消することが、真の癒しへの道となるのです。アンラーベルメソッドは、まさにこの潜在意識レベルであらゆる問題を解決する、革新的なアプローチなのです。

アンラーベルメソッドの深遠な旅

～キリストとの繋がりと144000人の使命～

chapter5

アンラーベルメソッドとキリスト意識

人類の歴史において、スピリチュアルな覚醒と現実世界のバランスを取ることは常に大きな課題でした。古代から現代に至るまで、多くの哲学者、宗教家、そして探求者たちがこの問題に取り組んできました。この章では、私のキリストとの出会いから始まり、１４４０００人の地球のアセンションをサポートするマスターという壮大な使命に至るまでの経緯を綴ります。

一見すると、「なぜ、キリスト？」と思われる方もいらっしゃるかもしれません。特に、仏教や神道の伝統が強い日本において、キリストの存在を強調することに違和感を覚える方もいるでしょう。しかし、これからお話しする内容は、特定の宗教の枠を超えた、普遍的な精神性と深く結びついています。それは、アンラーベルメソッドの本質そのものなのです。

アンラーベルメソッドをセッションに取り入れるためには、セラピスト自身が高い波動を保ち続け、常に浄化された状態でいなければなりません。これは単なる理論ではなく、実践的な必要性です。なぜなら、このメソッドは人の深い領域、つまり潜在意識や魂のレベルに関わるからです。

そして、このメソッドが真の力を発揮するためには、キリストのイニシエーションが不可欠です。ここでいうキリストとは、特定の宗教的図像としてのイエス・キリストではなく、普遍的な愛と智慧の象徴としてのキリスト意識を指します。この意識は仏教でいう仏性や、ヒンドゥー教のアートマンの概念とも共通する、人間の最も高次の意識状態を表しています。

私自身、この真理に辿り着くまでには長い道のりがありました。私は、若い頃、スピリチュアルな実践にどっぷりと浸かっている時期がありました。チャネリングの神秘的な体験に魅了され、見えない存在とつながることがおもしろくて仕方ありませんでした。エネルギーワークやオーラ視、アストラル体験など、様々なスピリチュアルな技法を探求し、まるで別次元の世界に生きているかのような日々を過ごしていました。

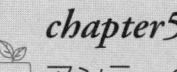

しかし、時間が経つにつれ、現実世界との調和が難しくなっていきました。例えば、お金を使いすぎても全く気にならないなど、現実離れした考えが増えていったのです。日常生活の責任や義務がおろそかになり、周囲の人々との関係にも支障が出始めました。ある時、ふと我に返り、このままではいけないと強く感じたのです。

その気づきにより、私は見えない存在とのチャネリングを一切やめることにしました。そして、現実世界に根ざした実践的なヒーリング手法の開発に力を注ぐようになりました。この経験を積み上げて体系づけ検証を重ねた結果、アンラーベルメソッド魔法の潜在意識ヒーリングの誕生にも今振り返ってみればつながっていたのだと思います。

キリストとの連携がはじまる

chapter5
アンラーベルメソッドの深遠な旅

アンラーベルメソッドを通じてクライアントのヒーリングを行う中で、予期せぬ出来事が起こりました。キリストの存在が私とコンタクトを取り始めたのです。最初は、見えないものと再度つながることへの不信感もあり、「意識を合わせること」を拒否していました。過去のスピリチュアルな体験への反動から、一切の超常的な現象を避けようとしていたのです。

その理由は、30年程前に遡ります。当時、スピリチュアルに興味を持つ人たちは、当時の私のような精神的に不安定な人や、グラウンディングが出来ていない人が多かったのです。ある意味「そういった世界に逃げたい」と思っている人が集まっていました。多くの人が神秘体験を期待するのですが、自分が安定していてグラウンディングしていれば問題はありません。しかし、自分に自信がなく、グラウンディングできていない状態で上と繋がろうとすると、本当に不安定になります。

一歩間違えば、低次元の存在に取り憑かれます。変な存在に取り憑かれた仲間もたくさんいました。

今だからこそ言えるのですが、自我が脆弱な段階だと自我の境界線が弱いので、無意識からのイメージにも体に負担や障害がかかりやすくなり、そのため、ニューエイジ系のセミナーやメソッドを経験する中で神秘体験をすることがよくあるのですが、そんなことをありがたがってしまうのです。

自我が脆弱な状態で、スピリチュアルな世界に深入りしてしまうと、万能感に支配されて、自己中心的な考えになったり、精神不安定を起こしたり、現実逃避的になって、現実適応力が低下したり、地に足がつかなくなって、生き方が浮ついてしまったりするのです。

スピリチュアルな世界と適度な距離を保てるだけの安定した心や常識力があればよいのですが、スピリチュアルな考えに縛られ、そして新しい情報に次から次へと振り回され、ぐるぐると引きずり回されるような、そんな状況に陥ってしまっている人をこれまで数多く見てきました。

神秘体験に囚われてしまうことは、心の発達・成長の妨げになると自分の体験から実感していました。

その当時の経験は私にとってトラウマにもなっており、だからこそ、キリストだろうと誰だろうと、見えない存在と繋がることへの恐れがあったのです。

しばらく避け続けていましたが、避けては通れない状況に追い込まれる日がやってきました。

肩が動かなくなり、激痛で夜も寝れない状況になったのです。あらゆる手を尽くしてても肩はよくならず、もしかしたら、私が無視しているからなのかもしれない、と思い観念して、キリストに繋がってみたのです。

そして、再三にわたりキリストが降りてアクセスしてきてくれるので、ある時繋がってセッションをやってみました。

すると、キリストと繋がった時のセッションの内容が、いつもの自分のものよりもかなり質が高いことに気づきました。返ってくる答えの精度が各段に上がります。

あれだけ苦しんだ肩の痛みも消え去り、この出来事が真実であることを私のカラダが証明してくれたのです。

クライアントの潜在意識からより深い洞察や答えを引き出せることで、次第にキリストの存在を受け入れるようになりました。キリストの真理はインスピレーションで降ろしてくれるようになり、創造主へつながるマインド以外の分離した全ての意識をクリアにできる速度が格段に早くなり、奇跡的な結果が絶え間なく報告されるようになりました。

また、長年の脚の痛みに苦しんでいたクライアントが、私がキリストのことをインスタグラムに投稿したものを見ただけで痛みが一瞬で消えてしまったり、不思議な体験が次々と起こり始めたのです。

144000人の聖なる使命

キリストとのつながりが深まる中で、私はとても大きな使命を告げられました。それは、アンラーベルメソッドを通して人々を目覚めさせ、144000人のマスターの存在を増やすというものでした。この数字を聞いた時、私は戸惑いを感じました。

なぜ１４４０００人なのか、そしてそれは現実的に可能なのかという疑問が湧いたのです。

しかし、研究を進めるにつれ、この数字の深い意味が明らかになってきました。

１４４０００という数字には、深い霊的な意味があります。『ヨハネの黙示録』に登場するこの数は、完全性や神聖さを象徴しています。12（完全数）の2乗に１０００（無限大を表す数）を掛けたものであり、霊的な完成と無限の可能性を表現しているのです。

現在、世界の人口は約76億人とも言われていますが、その中の１４４０００人が共通の集合意識を持った光の仲間たちとして自覚し、手を結び合いライトワーカーとして活動することで、新しい世界への扉が開かれ、人類と地球の意識が大変革を起こし始めるのです。これは、量子力学の観点からも興味深い現象です。少数の意識が調和し、共鳴することで、全体の場に大きな影響を与えるという考え方は、量子場の理論とも通じるものがあります。

興味深いことに、この「１４４０００」という数字は、実ははるか以前より様々な場所に記されています。その起源はアトランティス時代にまで遡るという説もあります。古代エジプトの神秘学校や、マヤ文明の預言、さらにはチベット仏教の秘伝にもこの数字が登場するという研究もあります。

また、「地球のグリッドが144000ある」とか、「人間の経絡（ツボ）も144000ある」といった説もあり、この数字は象徴的な意味を持つものとして広く語り継がれてきました。これらの事実は、144000という数字が単なる偶然ではなく宇宙の深遠な法則と関連している可能性を示唆しています。

新しい時代の到来と人間の役割

現代社会は、かつてない速度で変化しています。特に、ＡＩやChatGPTなどのデジタル技術の急速な発展は、私たちの生活や仕事のあり方を根本から変えつつあります。これらの技術の存在が日常の一部となる未来は、もはや遠い話ではありません。

しかし、このような時代が訪れたとき、私たち人間に何が残されるのでしょうか？この問いに対する答えは、人類の存在意義そのものに関わる重要なものです。私が信じるのは、二つのことです。一つは「人としての在り方」そしてもう一つは「その人が成し遂げるべき使命」です。

極端な言い方をすれば、ＡＩやデジタル技術があらゆる作業を担う時代が到来するかもしれません。物理的な労働や単純な事務作業、さらには創造的な仕事の一部までもが、ＡＩによって代替される可能性があります。そのような時代においてこそ、人間としての本質的な「アナログ性」を極限まで磨き上げることが求められているのです。

ここでいう「アナログ性」とは、機械では代替できない人間固有の特質を指します。例えば、深い共感力、直感的な洞察力、倫理的判断力、そして霊的な感受性などが挙げられます。これらの能力は、デジタル技術がいくら発達しても、真に人間にしか発揮できないものです。

私たちの人生の目的、この世に生きる意味を見失わないためにも、自分の中に眠る能力（使われていないといわれる90％から95％の可能性）を少しでも引き出し、活用することが重要です。科学的には証明されていませんが、人間の脳の潜在能力は計り知れないものがあるとされています。この眠れる可能性を目覚めさせることこそ、新時代における人間の役割なのです。

アンラーベルメソッドの役割

このような時代背景の中で、アンラーベルメソッドは重要な役割を果たします。このメソッドは、人々の潜在意識にアクセスし、内なる叡智や力を引き出し、私達が本来の自分と繋がり、愛と調和に目覚めていくこと。

世界は一つ、私もあなたも一つというワンネスの扉を開いていくことをサポートします。キリストとのつながりを通じて、すべての魂が調和の中で生き、ありのままを受け入れていくことが、私達のハートの扉を開けていきます。

そして、ハートの奥に、本来の自分自身（内なる静寂）を見つけるのです。

chapter5
アンラーベルメソッドの深遠な旅

生きとし生けるものすべての中に愛と平和と調和を作り出します。

例えば、あるクライアントは長年のうつ状態から解放されました。アンラーベルセッションを通じて、彼女は自身の魂の目的を思い出し、それに向かって行動を始めたのです。また、別のクライアントは、深刻な家族関係の問題を抱えていましたが、セッションを重ねるうちに、家族との関係性の根底にある霊的なつながりを理解し、和解への道を見出しました。

このように、アンラーベルメソッドは、クライアントが自己の真の本質に触れ、人生の目的や使命を明確にすることを可能にします。それは単なる表面的な問題解決ではなく、魂のレベルでの変容をもたらすのです。

この過程で、私は数え切れないほどの感動的な変化を目の当たりにしてきました。うつや不安に悩んでいた人が人生の喜びを取り戻したり、人間関係で苦しんでいた人が深い絆を築けるようになったり、自己実現の道を見出せずにいた人が新たな人生の目的を発見したりと、まさに奇跡的な変化が次々と起こっています。

意識の進化と地球の変容

私たちは今、意識革命の真っただ中にいます。これは、単なる個人の成長や社会の進歩を超えた、地球規模の変容のプロセスです。科学技術の発展や情報革命は、この変容の外的な現れに過ぎません。真の変革は、人類の集合意識のレベルで起こっているのです。

高い波動の人を増やしていくためには、潜在意識にあるマイナスの信念をクリアにすることが不可欠です。私のヒーリング手法はその一助となりますが、それだけではありません。幾何学を活用する建築家や、さまざまな分野で活動する人々が、同じ目的に向かって働きかけています。

例えば、サウンドヒーリングの専門家は、特定の周波数の音波を使って人々の意識を高める取り組みを行っています。また、有機農業の実践者たちは、地球との調和的な関係を通じて、食物のエネルギーを高め、それを摂取する人々の意識を向上させています。これらの取り組みは、一見バラバラに見えるかもしれませんが、実は全て同じ目的「地球と人類の意識進化」に向かっているのです。

私は、キリストがついてくださっている人々が世界中で活動していると信じています。その数は144000人に及ぶのではないでしょうか。エドガー・ケイシーの教えを広めている方々にも、キリストがついているかもしれません。いろんなところに降りてきてくださっているのです。

これは決して誇張ではありません。世界中の様々な分野で、高い意識を持って活動している人々がいます。彼らは必ずしも自分がキリストの使命を担っているとは自覚していないかもしれません。しかし、その行動や影響力を見ると、確かに高次の意識に導かれていることがわかるのです。

例えば、環境保護活動に身を捧げている活動家、貧困地域で医療支援を行う医師、平和構築に尽力する外交官など、様々な形で世界に光をもたらそうとしている人々がいます。彼らの中には、自分の使命に目覚め、144000人のマスターの一員として活動している人もいるのではないでしょうか。

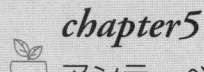

日本と世界の意識変革

日本は、この意識変革において特別な役割を担っています。しかし、その役割を果たすためには、まず日本人自身が本来の力を取り戻す必要があります。

戦後、日本人の力を削ぐような教育や食生活の変化がありました。ミネラルを除かれた塩や、日本人の力を削いだ教育など、さまざまな形で日本人の本来の力が抑えられてきました。これは単なる陰謀論ではなく、歴史的な事実として捉えるべきものです。

例えば、戦後の教育改革によって、日本の伝統的な価値観や精神性が軽視される傾向がありました。また、食生活の西洋化により、日本人の体質に合った伝統的な食事が失われつつあります。これらの変化は、日本人の身体的・精神的な健康に大きな影響を与えてきたのです。

しかし、今、多くの人々がその事実に気づき始めています。伝統的な和食の見直しや、日本の精神文化への関心の高まりなど、日本人が本来の力を取り戻そうとする動きが各所で見られます。

私たちの役割は、さらに多くの人々に真実を伝え、目覚めを促すことです。私のスクール生も、１４４０００人のマスターの一員として、真実に気づくきっかけを与える存在になれると信じています。

スクールの生徒たちは、自身の変容体験を通じて周囲の人々に影響を与え始めています。家族関係が改善したり、職場の雰囲気が良くなったり、地域コミュニティでの活動が活性化したりと、小さな変化が波紋のように広がっているのです。

個人の成長から地球全体の変容への意識変革は、個人レベルの小さな行動から始まります。日頃から、私は地球に向けてヒーリングをしたり、環境に配慮した生活を心がけたりしています。例えば、合成洗剤を使わないようにするなど、小さなことからでも始められます。

これは単なる環境保護活動ではありません。全てのものは繋がっているという認識に基づいた行動なのです。自然界の循環を乱す化学物質を使用することは、最終的には私たち自身の健康や意識にも影響を与えます。逆に、自然に優しい選択をすることは、地球全体のバランスを整え、結果的に私たち自身の意識も高めることにつながるのです。

そういったことは全て自分に返ってくるということを、意識レベルで理解する人が増えていけば、全体が変わっていくのではないでしょうか。これは、仏教でいう「因果の法則」や、量子力学における「観測者効果」とも通じる考え方です。

自分の意識レベルが上がってくると、自分が満たされ、他の人を癒そう、地球を癒そうという意識になります。もし自分が満たされていなければ、人を思うこともできません。これは、航空機の安全指示で「自分の酸素マスクを着けてから他人を助ける」というのと同じ原理です。

まず自分を高めること、そして高次の存在からのメッセージを正しく理解し、真実の情報を自分で掴む力を持つこと。そういった能力を持つ人を増やすことが、私たちの意図なのです。


人間には理解できない、高次の存在からのメッセージを降ろしても、「メッセージに書かれているから」と鵜呑みにするのではなく、「本当にこの情報は正しいのだろうか」ということをしっかり見抜いて、情報に振り回されないように、しっかり真実の情報を自分で掴む。そういったことができる人を増やすという意図があると思います。

これは、クリティカルシンキング（批判的思考）の能力を高めることにも通じます。高次の存在からのメッセージであっても、それを盲目的に信じるのではなく、自分の直感と理性を使って吟味する。そうすることで、真の智慧が得られるのです。

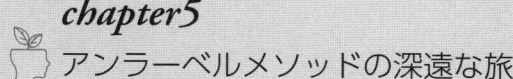

無限の可能性への旅

41年間、カラダと魂の声を聴き、人々を癒してきた私の経験は、この大きな意識の変革の中で、重要な役割を果たすと信じています。個人の意識レベル、日本の意識レベル、そして地球全体の意識レベルをクリアリングし、高めていくこと。それが、今、私たちに求められている使命なのです。

この過程を通じて、私は自分自身の無限の可能性と、共に成長し合うことの素晴らしさを日々感じています。キリストとのつながりと144000人の使命は、私の人生に深い意味と目的をもたらし、多くの人々の人生を変える力となっているのです。

アンラーベルメソッドを通じて、一人ひとりが自分の内なる声に耳を傾け、高次の存在と繋がることで、より良い世界を創造する力を持っていることを実感しています。この旅は、単なる個人的な成長の物語ではありません。それは、地球全体の意識進化に向けた壮大な冒険なのです。


私たちは今、新しい地球を創造するプロセスの一部となっています。キリストの神聖なる次元のエネルギーをこの地上に降ろすことで、人間の意識が次のステージへと進化するための新たな扉を開いているのです。この挑戦に終わりはありません。なぜなら、意識の進化に終わりはないからです。私たちは常に、より高い意識レベルを目指してチャレンジし続けるのです。

そして、このチャレンジは私一人のものではありません。私のスクールの生徒たちそして世界中の144000人のキリストの創世メンバーたち、私たちは皆、同じ目的に向かって歩んでいるのです。一人ひとりが自分の使命を活かし、それぞれの形で世界に貢献しています。

例えば、私のスクールの卒業生の中には、自分自身のヒーリングセンターを開設し、地域社会に貢献している人もいます。また、企業で働きながら、職場の環境改善や従業員の意識向上に取り組んでいる人もいます。さらに、教育の場で子どもたちの潜在能力を引き出す新しい教育法を実践している人もいます。これらの活動は、一見小さく見えるかもしれません。しかし、それぞれが波紋となって広がり、やがて大きな変化を生み出すのです。

アンラーベルメソッドを通じて、私たちは個人の変容から始まり、地球全体の意識の進化へと向かう壮大な旅路の途上にいます。この旅は、私たち一人ひとりの中にある無限の可能性を開花させ、より調和のとれた、愛に満ちた世界を創造するための道筋なのです。

そして、この過程において最も重要なのは、常に自分自身の内なる声に耳を傾け、直感を信じることです。外部の情報や他人の意見に惑わされることなく、自分の魂の導きに従うこと。それが、真の意味での「目覚め」なのです。

アンラーベルメソッドは、そのための強力なツールとなります。このメソッドを通じて、人々は自分の内なる智慧にアクセスし、自己の真の目的を見出すことができるのです。そして、その目的に向かって歩み始めることで、個人の人生が変わり、それが周囲に影響を与え、やがては社会全体、地球全体の変容へとつながっていくのです。

この壮大な旅路において、私たち一人ひとりが重要な役割を担っています。たとえ小さな一歩であっても、それが大きな変化の始まりとなるのです。

私たちが目指すのは、愛と調和に満ちた新しい地球。その実現に向けて、共に歩んでいく人を増やしていきたいと考えています。

終章

最近、人生を楽しむことができていない……

日常生活の中で、喜びや幸せな気持ちを感じることがない……

何でいつもこんな目に遭うのだろうか？

そんな気持ちになること、みなさんあると思います。

私たちは皆、理想とする幸せな日々を思い描きます。しかし、現実は往々にしてその理想とはかけ離れ、困難や問題が次々と訪れることがあります。一つの課題を乗り越えたと思えば、新たな試練が待ち受けている。このような経験をされた方も多いのではないでしょうか。

ここで重要なのは、これらの状況に私たちの潜在意識が大きく関与しているという点です。

私自身も、かつてはこういった問題で悩み、苦しんだ時期がありました。

しかし、本書で紹介させていただいた〝アンラーベルメソッド〟魔法の潜在意識ヒーリングこそが、これら全ての解決への道筋となるのです。

本書に記した内容は、心やカラダを癒すプロフェッショナルの方々だけでなく、日々の悩みを抱える多くの方々にとっても、有益なものとなるはずです。

皆様にお伝えしたいのは、未来は何歳からでも変えられるということです。今、皆様が直面している「大きな問題」も、その根底にある潜在意識の信念を変えることで劇的に状況が好転する可能性があるのです。

本書は、皆様の人生があらゆる可能性に満ちていることをお伝えするものです。現在の状況がどのようなものであれ、皆様の前には無限の可能性が広がっています。

どうか、本書を通じて新たな一歩を踏み出す勇気を見出していただければ幸いです。皆様の輝かしい未来を心よりお祈りしております。

最後になりましたが、出版するにあたって、三楽舎プロダクションの代表取締役小林敏之さん、取締役上江裕子さん、ヒーラー養成講座立ち上げ時から、さまざまな助言をしてくださったＩＴ実業（株）金城有紀さん、出版にあたり体験談を快く承諾してくださったクライアントの皆様、いつもサポートしてくれる家族、恩師に大変なご尽力を承りました。本当にありがとうございました。

また、関わってくださった受講生、クライアントの皆様の一つひとつの声が本書の源になっています。

何よりこの本を手にしてくださったあなたに深く感謝いたします。

生きとし生けるもの、創造の源に、愛と光と感謝を込めて。

横山真莉子

2024年11月吉日

発刊記念特別プレゼント

“アンラーベルメソッド”
魔法の潜在意識ヒーリング

「体験セッション」へご招待

「なんでそこまでわかるのですか？」

「想像以上にすごいセッションで驚きました！

カラダってなんでも知ってるのですね」

と大絶賛のアンラーベルメソッド
特別なこの機会にカラダと魂の声を聴いてみませんか？

詳しくはQRコードへ

書籍購入特典ご案内ページ
https://www.rasainstetute.jp/book/

横山真莉子

rasa institute（ラサ インスティテュート）主宰

神奈川県生まれ。心と体の翻訳家。潜在意識の研究家。

精神、心、宇宙、神、物事の本質を学ぶ事で、心、意識の問題が病気や不幸をもたらすことに気づき、それらを克服するための肯定的な心、意識のあり方を長年に渡り研究。

超感覚的能力を磨く訓練を受けることで、カラダを通して潜在意識の声を聴くことができるようになる。

個人セッションは口コミで広がり、のべ２万人以上を経験。

高い洞察力と透視能力を活かしたセッションに感動の声が絶えない。

現在は、潜在意識の専門家として、アンラーベルヒーラー養成講座や陰陽五行をベースとしたエッセンシャルオイルのセルフケア講座などを開催し、多くの受講者から喜びの声が届いている。

https://www.rasainstetute.jp/

アンラーベルメソッド魔法の潜在意識ヒーリング

2024年12月３日　第一刷発行

著　者　横山真莉子

発行所　㈱三楽舎プロダクション
〒170-0005　東京都豊島区南大塚3－53－2
大塚タウンビル３階
電話 03-5957-7783　FAX 03-5957-7784

発売所　星雲社（共同出版社・流通責任出版社）
〒112-0005　東京都文京区水道1－3－30
電話 03-3868-3275　FAX 03-3868-6588

印刷所　創栄図書印刷
装　幀　Malpu Design（宮崎萌美）
DTP 制作　CAPS

万一落丁、乱丁などの不良品がございましたらお取替えいたします。
小社までご連絡ください。
ISBN978-4-434-34876-1